중국 상표
심사 및 심리기준

허호신 옮김

세창출판사

이 도서의 국립중앙도서관 출판예정도서목록(CIP)은 서지정보유통지원시스템 홈페이지
(http://seoji.nl.go.kr)와 국가자료공동목록시스템(http://www.nl.go.kr/kolisnet)에서
이용하실 수 있습니다.(CIP제어번호: CIP2018011737)

옮긴이 서문 ————————

　중국은 지난 2013년 8월 30일, 상표법에 대한 제3차 개정을 단행하고, 2014년 5월 1일부터 시행해 오고 있다. 제3차 개정 중국상표법은 공정한 시장경쟁질서 확립, 상표절차 신속화, 상표권 보호강화에 관한 내용을 보강하였는데, 특히 중국의 상표브로커 또는 사업관계인에 의한 우리 기업 상표의 악의적 무단 선점에 대응할 수 있는 근거규정들이 다수 도입되었다. 이러한 중국의 변화는 우리에게 분명 바람직하지만, 새롭게 추가된 규정을 어떻게 해석하고 적용할지는 중국 당국의 태도를 면밀히 주시할 수밖에 없다. 다른 한편으로, 상표의 무단 선점에 대하여 사후에 적절히 대응하는 것도 중요하지만, 선점을 당하기 전에 우리 기업이 등록받고 싶은 상표를 중국에서 제대로 등록받는 것이 보다 더 중요한데, 중국 상표제도에 대한 체계적인 해설서가 절대적으로 부족한 실정이어서 간명하게 규정되어 있는 법조문만으로는 중국의 상표제도를 제대로 파악하는 데한계가 있다.

　이 책은 중국에서 상표심사를 담당하는 상표국과 상표심판을 담당하는 상표평심위원회가 공동으로 펴낸 「商标审查及审理标准」을 한국어로 옮긴 것이다. 중국상표법에서 매우 간명하게 규정되어 있는 등록받을 수 없는 상표, 식별력 없는 상표, 입체상표, 색채상표, 소리상표 등에 대하여 풍부한 심사사례와 함께 그 판단기준을 상세하게 밝히고 있으며, 중국상표법 제3차 개정으로 추가된 유명상표 인정, 상표 무단 선점 여부 등에 대한 심리 기준을 보강하였다. 그 무엇보다도, 이 책은 중국 상표 당국의 공식적인 심사 및 심리 기준이라는 점에서, 중국에 진출하였거나 진출을 준비하는 기업, 그리고 중국 상표 업무를 담당하는 대리인에게는 충분히 참고할 만한 점이 있을 것으로 사료된다. 아무쪼록 이 책이 중국에서의 우리 기업의 활동에 조금이나마 보탬이 될 수 있기를 기대한다.

　끝으로, 『중국특허법 상세해설』에 이어 이 책에 이르기까지, 의미 있는 작업이라며 격려해 주신 특허청의 선배 및 동료 여러분께, 그리고 출간을 도와주

4

신 임길남 상무님을 비롯한 세창출판사의 임직원 여러분께 감사드린다. 그리고 항상 나를 지지해 주는 아내 아란, 아들 윤, 딸 린을 비롯한 가족들에게도 사랑한다는 말을 전하고 싶다.

2018년 4월
허호신

설 명 ─────────

　「상표법」제3차 개정에 맞추어 상표 심사 및 심리 업무를 보다 규범화하고 발전시키기 위하여, 광범위한 각계의 의견과 외국의 심사기준을 기초로 하고, 다년간의 상표 심사·심리 실무를 결합해서, 상표국과 상표평심위원회는 「상표 심사 및 심리 기준」에 대한 개정을 진행하였다. 이번 개정은 소리상표에 대한 심사기준, 심사의견서의 심사실무에서의 운용기준, 「상표법」제19조 제4항의 적용기준, 「상표법」제50조 적용기준, 「상표법」제15조 제2항의 심리기준, 이해관계인의 인정기준을 새로 추가하고, 「상표법」제10조의 개정에 따라 심사기준을 상응하게 개정하였으며, 이와 동시에 심사사례 일부를 감축·추가하고, 상표 심사 및 심리 기준의 내용을 풍부하게 개선하였다. 개정 「상표 심사 및 심리 기준」은 이미 국가공상행정관리총국[1]의 승인을 받았으며, 상표국·상표평심위원회·상표심사협력센터[2]의 전체 심사인력이 상표 심사 및 상표사건의 심리 시에 집행하도록 이제 인쇄 및 배포한다.

상표국·상표평심위원회
2016년 12월

───────────

[1] 2018년 3월 24일 발표된 '국무원의 기구 설치에 관한 통지'('国发'[2018] 6号)에 의하면, 국가공상행정관리총국이 담당하였던 상표관리 업무는 국가지식산권국으로 이관되고, 국가공상행정관리총국은 '국가시장감독관리총국'으로 확대 개편되어 국가지식산권국을 관리하는 업무까지 맡게 된다.

[2] 원래의 명칭은 商标审查协作中心(Trademark Examination Cooperation Center)으로서, 국가공상행정관리총국 직속의 공공기관이다. 상표국의 위탁을 받아 출원서류 접수·방식심사·전자화, 상표공보 발간 등의 업무를 수행하며, 상표평심위원회의 위탁을 받아 상표평심서류 접수 및 방식심사 등의 업무를 수행한다. 일부 사건에 대해서는 실체심사도 진행한다(상표심사협력센터 홈페이지 www.tdtm.com.cn 참조).

6

차 례 ─────────

상편_ 상표심사기준

8

하편_ 상표심리기준

10

부 록

법령 및 법규의 명칭 대비표 ────────

번역 명칭	중문 정식 명칭
「중화인민공화국 상표법」	「中华人民共和国商标法」
「중화인민공화국 민법통칙」	「中华人民共和国民法通则」
「중화인민공화국 계약법」	「中华人民共和国合同法」
「중화인민공화국 반부정당경쟁법」	「中华人民共和国反不正当竞争法」
「중화인민공화국 저작권법」	「中华人民共和国著作权法」
「중화인민공화국 특허법」	「中华人民共和国专利法」
「표장의 국제등록에 관한 마드리드 협정」	「商标国际注册马德里协定」
「표장의 국제등록에 관한 마드리드 협정에 대한 의정서」	「商标国际注册马德里协定有关议定书」
「표장의 국제등록에 관한 마드리드협정 및 이 협정에 대한 의정서의 공동 규칙」	「商标国际注册马德里协定及该协定有关议定书的共同实施细则」
「특수표장 관리조례」	「特殊标志管理条例」
「종교사무조례」	「宗教事务条例」
「단체표장·증명표장의 등록 및 관리방법」	「集体商标、证明商标注册和管理办法」
「유명상표의 인정 및 보호 규정」	「驰名商标认定和保护规定」
「상표등록용 상품 및 서비스 국제분류」	「商标注册用商品和服务国际分类」
「유사 상품 및 서비스 구분표」	「类似商品和服务区分表」

주요 용어 대비표 ————————

중국	한국	본서
표지(标志)	표장	표장
주책상표(注册商标)	등록상표	등록상표
현저특징(显著特征)	식별력	식별력
안색조합상표(颜色组合商标)	색채상표	색채상표
성음상표(声音商标)	소리상표	소리상표
집체상표(集体商标)	단체표장	단체표장
증명상표(证明商标)	증명표장	증명표장
지리표지(地理标志)	지리적 표시	지리적 표시
치명상표(驰名商标)	유명상표	유명상표
전리(专利)	특허	특허
발명전리(发明专利)	발명특허	발명특허
외관설계전리(外观设计专利)	등록디자인	디자인특허
자호권(字号权)	상호권	상호권
신청(申请)	출원	출원
주책(注册)	등록	등록
초보심정(初步审定)	출원공고결정	출원공고결정
초보심정공고(初步审定公告)	출원공고	출원공고
형식심사(形式审查)	방식심사	방식심사
실질심사(实质审查)	실체심사	실체심사
주책철소(注册撤销)	등록취소	등록취소
거절복심(拒绝复审)	거절결정불복심판	복심
무효선고청구(无效宣告请求)	무효심판청구	무효선고청구
속전(续展)	갱신등록	갱신등록
주소(注销)	등록말소	등록말소
상표전용권(商标专用权)	상표권	상표권
상표국제주책신청 (商标国际注册申请)	국제상표등록출원	국제상표등록출원
국제국(国际局)	국제사무국	국제사무국
후기지정(后期指定)	사후지정	사후지정

14

■ "단위(单位)"는 자기의 명의로 민사적 활동에 종사할 수 있고, 독립적으로 민사적 권리를 향유할 수 있으며 독립적으로 민사적 책임과 의무를 부담할 수 있는 회사·단체 또는 기관을 가리킨다. 중국 상표법에서 이 용어를 사용하고 있고, 이를 대체할 만한 다른 마땅한 용어도 없으므로 그대로 "단위"로 번역하였다.

■ 지명·인명은 중국어 발음에 가깝게 표기하는 것을 원칙으로 하였다. 또한 한자를 병기할 필요가 있는 경우, 중국에서 현재 사용되고 있는 간체자를 기재하였다.

■ 이 책의 각주는 모두 옮긴이가 붙인 것이다.

상편

상표심사기준

제1부

상표로 할 수 없는 표장의 심사

一. 법적 근거

「상표법」제10조 ① 다음 각 호의 표장은 상표로 사용할 수 없다.

1. 중화인민공화국의 국가명칭·국기(国旗)·국휘(国徽)·국가(国歌)·군기(军旗)·군휘(军徽)·군가(军歌)·훈장(勋章) 등과 동일 또는 유사한 경우 및 중앙국가기관의 명칭·표장·소재지특정지점의 명칭 또는 표지적 건축물의 명칭·도형과 동일한 경우

2. 외국의 국가명칭·국기(国旗)·국휘(国徽)·군기(军旗) 등과 동일 또는 유사한 경우, 다만 그 국가정부의 동의를 받은 경우는 제외한다.

3. 정부 간 국제기구의 명칭·깃발(旗帜)·휘기(徽记) 등과 동일 또는 유사한 경우, 다만 그 기구의 동의를 받았거나 또는 공중을 쉽게 오인하게 하지 아니하는 경우는 제외한다.

4. 감독·보증을 나타내는 정부표장·점검인장과 동일 또는 유사한 경우, 다만 권한을 받은 경우는 제외한다.

5. "적십자", "적신월"의 명칭·표장과 동일 또는 유사한 경우

6. 민족 차별성을 띠는 경우

7. 기만성이 있어, 공중으로 하여금 상품의 품질 등 특징 또는 산지에 대하여 오인하게 하기 쉬운 경우

8. 사회주의 도덕기풍에 해롭거나 또는 기타 부정적 영향이 있는 경우

② 현급(县级) 이상 행정구역의 지명 또는 공중이 알고 있는 외국지명은 상표로 할 수 없다. 다만, 지명에 기타 의미가 있거나 또는 단체표장·증명표장의 구성부분으로 하는 경우는 제외한다. 지명을 이용한 상표로, 이미 등록된 것은 계속해서 유효하다.

이 조항은 상표로 사용할 수 없는 표장을 열거하고, 상표로서의 사용이 제한되는 지명을 명확히 하였다. "상표로 사용할 수 없다"는 것은 이러한 표장을 상표로 등록하는 것을 금지하는 것 이외에, 위와 같은 표장을 상표로 사용하는 것도 금지함을 가리킨다. 이 부분의 二 내지 十은 「상표법」 제10조가 규정하는 각 항 및 호에 대한 이해와 적용을 순서대로 설명한다.

二. 중화인민공화국의 국가명칭·국기(国旗)·국휘(国徽)·국가(国歌)·군기(军旗)·군휘(军徽)·군가(军歌)·훈장(勋章) 등과 동일 또는 유사한 경우 및 중앙국가기관의 명칭·표장·소재지 특정지점의 명칭 또는 표지적 건축물의 명칭·도형과 동일한 경우

여기에서의 "국가명칭"은 전체명칭·약칭·줄임표기를 포괄하는데, 중국 국가명칭의 전체명칭은 "중화인민공화국(中华人民共和国)"이고, 약칭은 "중국(中国)", "중화(中华)"이며, 영문 전체명칭은 "THE PEOPLE'S REPUBLIC OF CHINA"이고, 약칭 또는 줄임표기는 "CHN", "P.R.C", "CHINA", "P.R.CHINA", "PR OF CHINA"이다. 국기(国旗)는 오성홍기(五星红旗)이다. 국휘(国徽)의 중간에는 오성(五星)이 비추는 천안문(天安门)이 있고, 주위에는 벼 이삭과 톱니바퀴가 있다. 국가(国歌)는 「의용군행진곡」이다. 군기(军旗)는 중국인민해방군의 "팔일(八一)"[1] 군기이며, 붉은색 바탕으로 좌측 위 모서리에 금황색의 오각별과 "팔일(八一)" 두 글자가 그려져 있다. 군휘(军徽)는 "팔일(八一)"군휘로도 불리며, 그 도안은 금황

---

1) 8월 1일은 중국의 건군기념일인데, 제1차 국공합작 결렬 후 공산주의자들을 중심으로 한 무장병력이 국민당군을 최초로 공격한 1927년 8월 1일의 난창(南昌)봉기를 기념한 것이다.

색으로 테를 두른 오각 붉은 별로, 중앙에는 금색의 "팔일(八一)" 두 글자가 새겨져 있다. "팔일(八一)"군휘는 육군의 군휘이기도 하며, 해군·공군 군휘의 도안은 "팔일(八一)"군휘를 주체로 하는데, 해군 군휘는 자주빛 남색 바탕에 은회색 닻이 받치고 있으며, 공군 군휘는 하늘색 바탕에 금황색의 독수리 양 날개가 받치고 있다. 군가(軍歌)는 「중국인민해방군행진곡」이다. 훈장(勳章)은 국가 유관 부문이 국가·사회에 공헌한 개인 또는 조직에 영예를 수여하는 것으로, 팔일훈장(八一勳章) 등과 같은 것이다. 중앙국가기관의 명칭·표장·소재지특정지점의 명칭 또는 표지적 건축물의 명칭은 "전국인민대표대회", "국무원", "중남해(中南海)",[2] "조어대(钓鱼台)",[3] "천안문(天安门)", "신화문(新华门)",[4] "자광각(紫光阁)",[5] "회인당(怀仁堂)",[6] "인민대회당" 등을 포괄한다.

(一) 중국 국가명칭과 동일 또는 유사한 경우

1. 상표의 문자·자모의 구성이 중국 국가명칭과 동일한 경우, 중국 국가명칭과 동일한 것으로 판정한다.

예_

---

2) "중남해(中南海)"는 베이징 자금성의 서쪽에 위치하는데, 중국공산당 중앙위원회, 중국주석, 중국국무원, 중국전국인민대표대회, 중국인민정치협상회의 전국위원회, 중국공산당 중앙서기처, 중국공산당 중앙기율검사위원회 등 당 기관 및 중앙 국가기관의 사무소가 위치해 있으며, 중국 최고지도자의 거주지이기도 하다.
3) "조어대(钓鱼台)"는 중국의 국가지도자가 외교활동을 진행하는 중요한 장소로서, 각국의 원수 또는 중요 외빈을 접대하는 장소이다.
4) "신화문(新华门)"은 중국공산당 및 국무원이 소재하는 중남해(中南海)의 정문으로, 최고행정권력의 상징이다.
5) "자광각(紫光阁)"은 국무원의 지도자가 외빈을 접견하는 장소이다.
6) "회인당(怀仁堂)"은 중남해(中南海)에 위치한 주요 건축물 중 하나로서, 1949년에 중국공산당은 회인당에서 제1기 중국인민정치협상회의를 개최하였다.

2. 상표의 의미·독음 또는 외관이 중국 국가명칭과 유사하여, 공중으로 하여금 중국의 국가명칭으로 오인하게 하기 쉬운 경우, 중국 국가명칭과 유사한 것으로 판정한다.

예_

ZHONGGUO [7]

지정서비스: 부동산임대

CHINAR

지정상품: 복장
("CHINAR"는 의미 없음)

아래 중 하나의 경우에는 예외로 한다.

(1) 묘사한 것이 객관적으로 존재하는 사물로서 공중으로 하여금 오인하게 하지 않는 경우

예_

지정상품: 화장품

지정서비스: 술집

(2) 상표에 중국 국가명칭과 동일 또는 유사한 문자가 있지만, 그것이 전체적으로 신문·정기간행물·잡지의 명칭이고, 출원인의 명의와 일치하는 경우

---

7) 중국(中国)의 중국어 발음은 [Zhōngguó]로 표기한다.

예_

지정상품: 신문

(3) 상표에 중국 국가명칭과 동일 또는 유사한 문자가 있지만, 그것이 전체적으로 기업사업단위[8]의 약칭인 경우(이를 적용하기 위해서는 다음과 같은 요건을 갖추어야 한다. 출원인 주체적격이 있기 위해서는 국무원 또는 기타 권한 있는 기관의 허가를 받아 설립되었어야 하고, 출원인의 명칭이 법에 따라 명칭등기 기관에 등기되었어야 한다. 출원상표가 출원인 명칭의 약칭과 일치하고, 약칭이 국무원 또는 기타 권한 있는 기관의 허가를 받았어야 한다.)

(4) 중국 출원인의 상표에 포함된 중국 국가명이 기타 식별력이 있는 표장과 상호 독립적이어서, 국가명이 단지 출원인의 소속 국가를 표시하는 작용만 하는 경우

---

8) 우리나라의 공공기관에 해당한다.

예_

中 **长城** 国

(二) 중국의 국기(国旗) · 국휘(国徽) · 국가(国歌)와 동일 또는 유사한 경우

1. 상표의 문자 · 도형 · 소리 또는 그 조합이 중국의 국기 · 국휘 · 국가의 명칭 · 도안 또는 소리와 동일 또는 유사하여, 공중으로 하여금 그것이 중국의 국기 · 국휘 · 국가와 서로 연계되는 것으로 오인하게 하기 충분한 경우, 중국의 국기 · 국휘 · 국가와 동일 또는 유사한 것으로 판정한다.

예_

五★红旗

2. 상표에 "오성(五星)", "홍기(红旗)"라는 글자 또는 "오성도안(五星图案)", "홍기도안(红旗图案)"이 포함되어 있지만, 공중으로 하여금 그것을 국기(国旗)와 서로 연계하게 하지 않는 것은, 중국 국기와 동일 또는 유사한 것으로 판정하지 않는다.

예_

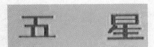

지정상품: 맥주

지정상품: 비료

(三) 중국의 군기(軍旗)·군휘(軍徽)·군가(軍歌)·훈장(勛章)과 동일 또는 유사한 경우

상표의 문자·도형·소리 또는 그 조합이 중국의 군기·군휘·군가·훈장의 명칭·도안 또는 소리와 동일 또는 유사하여, 공중으로 하여금 그것이 중국의 군기·군휘·군가·훈장과 서로 연계되는 것으로 오인하게 하기 충분한 경우, 중국의 군기·군휘·군가·훈장과 동일 또는 유사한 것으로 판정한다.

예_

(군기)

(군휘)

(독립자유훈장)

(해방훈장)

(팔일훈장)

(5·1 노동포장과 유사)

(四) 중앙국가기관의 명칭·표장·소재지특정지점의 명칭 또는 표지적 건축물의 명칭·도형과 동일한 경우

예_

紫光阁　懷仁堂

新华门
XINHUAMEN

三. 외국의 국가명칭·국기(国旗)·국휘(国徽)·군기(軍旗) 등과 동일 또는 유사한 경우

여기에서의 "국가명칭"은 중문 및 외국어 전체명칭·약칭 및 줄임표기를 포괄한다. "국기"는 국가가 정식으로 규정한 그 국가를 대표하는 깃발이다. "국휘"는 국가가 정식으로 규정한 그 국가를 대표하는 표장이다. "군기"는 국가가 정식으로 규정한 그 국가의 군대를 대표하는 깃발이다.

(一) 상표가 외국 국가의 명칭과 동일 또는 유사한 경우

상표의 문자 구성이 외국 국가의 명칭과 동일한 경우, 외국 국가의 명칭과 동일한 것으로 판정한다. 상표의 문자가 외국 국가의 명칭과 유사하거나 또는 외국 국가의 명칭과 동일 또는 유사한 문자를 포함하는 경우, 외국 국가의 명칭과 유사한 것으로 판정한다.

예_

지정상품: 페인트

("FRANCE"는 "프랑스"로
번역된다.)
지정상품: 여행가방

Mei Guo [9)]

지정상품: 탄산수, 콜라

拉脱維雅 [10)]

지정상품: 복장

("FRANCE"는 "프랑스"로
번역된다.)

아래 중 하나의 경우에는 예외로 한다.

1. 그 국가 정부의 동의를 받은 경우

이 규정을 적용받기 위해서, 출원인은 그 국가 정부의 동의를 받았음을 증명하는 서류를 제출해야 한다. 출원인이 그 상표를 동일 또는 유사한 상품·서비스에 대하여 그 외국에서 이미 등록받은 경우, 그 외국 정부의 동의를 받은 것으로 본다.

2. 명확한 기타 의미가 있고, 공중으로 하여금 오인하게 하지 않는 경우

---

9) 미국(美国)의 중국어 발음은 [Měiguó]로 표기한다.
10) 라트비아(Latvia)의 중국식 표기이다.

예_

(프랑스(FRANCE)와 두 자모(字母)가 차이가
있으나, 영어에서 "솔직한, 진정한"의 의미가
있고, 또한 영문 인명 "프랑크"로도 자주 사용
된다.)

지정상품: 의류, 신발, 넥타이

(TURKEY는 터키의 국가명과 동일하나,
영어로 "칠면조"란 뜻이 있다.)

지정상품: 의류

3. 상표가 외국의 옛 국가명칭과 동일 또는 유사한 경우

예_

花旗 (미국의 옛 명칭)[11]

지정상품: 의류

---

11) 미국국기(성조기)에 별과 줄무늬가 많아 화려하다고 해서 과거에 중국에서는 미국국기를
   화기(花旗)라고 부르고, 미국을 화기국(花旗国)이라고 불렀다.

그러나 특정 상품에서 공중으로 하여금 상품의 산지를 오인하게 하기 쉬운 경우, 「상표법」 제10조 제1항 제7호의 규정을 적용하여 거절한다.

예_

지정상품: 인삼

 (태국의 옛 명칭)[12]

지정상품: 쌀

4. 상표의 문자가 둘 또는 둘 이상의 중문 국가 약칭의 조합으로 이루어져, 공중으로 하여금 상품의 산지를 오인하게 하지 않는 경우

예_

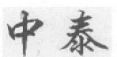 (중국과 태국 중문 약칭의 조합)

지정상품: 망치

 (중국과 프랑스 중문 약칭의 조합)

지정상품: 조명기(照明器)

---

12) 태국의 옛 명칭인 샴(Siam)의 중국식 표기이다.

그러나 특정 상품에서 공중으로 하여금 상품의 산지를 오인하게 하기 쉬운 경우, 「상표법」 제10조 제1항 제7호의 규정을 적용하여 거절한다.

예_

지정상품: 포도주

5. 상표에 포함된 국가명이 기타 식별력 있는 표장과 서로 독립적이고, 국가명은 단지 출원인의 진정한 소속 국가를 표시하거나 또는 기타 서술적 어휘와 함께 지정상품 또는 서비스의 진정한 관련 특징을 표시하는 경우

예_

("ITALIANO"는 "이탈리아"로 번역된다.)

출원인: (이탈리아) CIELO E TERRA S.P.A.

13)

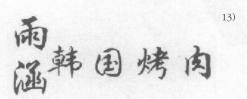

지정서비스: 식당
출원인: 중국 자연인

---

13) "韩国烤肉"는 "한국불고기"로 번역할 수 있다.

(二) 상표가 외국의 국기·국휘·군기의 명칭 또는 도안과 동일 또는 유사한 경우

상표의 문자·도형 또는 그 조합이 외국의 국기·국휘·군기의 명칭 또는 도안과 동일 또는 유사하여, 공중으로 하여금 그것이 외국의 국기·국휘와 서로 연계된 것으로 오인하게 하기에 충분한 경우, 외국의 국기·국휘와 동일 또는 유사한 것으로 판정한다.

예_

 (영어로 "영국 국기"로 번역된다.)

(미국 국기와 유사하다.)

(이탈리아 국기와 유사하다.)

그러나 그 국가 정부의 동의를 받은 경우는 예외로 한다. 이 규정을 적용받기 위해서, 출원인은 그 국가 정부의 동의를 받았음을 증명하는 서류를 제출해야 한다. 출원인이 그 상표를 동일 또는 유사한 상품·서비스에 대하여 그 외국

에서 이미 등록받은 경우, 그 외국 정부의 동의를 받은 것으로 본다.

四. 정부 간 국제기구의 명칭 · 깃발(旗帜) · 휘기(徽记) 등과 동일 또는 유사한 경우

여기에서의 "정부 간 국제기구"는 여러 국가 및 지역의 정부가 특정 목적을 위하여 조약 또는 협약으로 설립한 일정한 규정과 제도가 있는 단체를 가리킨다. 예를 들어, 국제연합(UN), 유럽연합(EU), 아세안(ASEAN), 아프리카통일기구(Organisation of African Unity), 세계무역기구(WTO), 세계지식재산권기구(WIPO), 아시아태평양경제협력체(APEC) 등이다. 국제기구의 명칭은 전체명칭 · 약칭 또는 줄임표기를 포괄한다. 예를 들어, 국제연합의 영문 전체명칭은 "United Nations"이고, 줄임표기는 "UN"이다. 유럽연합의 중문 약칭은 "欧盟"이고, 영문 전체명칭은 "European Union"이며, 줄임표기는 "EU"이다.

상표 문자의 구성 · 도형외관 또는 그 조합이 공중으로 하여금 그것을 정부 간 국제기구의 명칭 · 깃발 · 휘기 등과 연계시키기에 충분한 경우, 정부 간 국제기구의 명칭 · 깃발 · 휘기와 동일 또는 유사한 것으로 판정한다.

예_

("UN"은 국제연합의 영문 줄임표기이다.)

(WTO는 세계무역기구의 영문
줄임표기이다.)

(APEC은 아시아태평양경제협력체의
영문 줄임표기이다.)

그러나 아래 중 하나의 경우는 예외로 한다.

1. 그 정부 간 국제기구의 동의를 받은 경우. 이 규정을 적용받기 위해서 출원인은 관련 증명서류를 제출해야 한다.

2. 명확한 기타 의미 또는 특정한 표현 형식이 있어, 공중으로 하여금 오인하게 하지 않는 경우.

예_

("UN"은 국제연합의 영문 줄임표기와
자모구성이 동일하지만, 전체적인 표현
형식이 특수하다.)

지정상품: 비중계

五. 감독·보증을 나타내는 정부표장·점검인장과 동일 또는 유사한 경우

여기에서의 "정부표장·점검인장"은 정부기구가 그 상품의 품질·성능·성분·원료 등을 감독하고 보증하며 점검함을 표명하는 데 사용하는 표장 또는 인장을 가리킨다.

예_

(중국의 강제적 제품
인증표장)

(환전에 대한 통일적 표지)

상표의 문자·도형 또는 그 조합이 공중으로 하여금 그것을 감독하고 보증함을 표명하는 정부표장·점검인장과 연계시키기에 충분한 경우, 그 정부표장·점검인장과 동일 또는 유사한 것으로 판정한다.

예_

지정상품: 조명기계 및 장치

그러나 아래 중 하나의 경우에는 예외로 한다.

1. 정부기관의 권한을 받은 경우. 이 규정을 적용받기 위해서 출원인은 권한을 받았음을 증명하는 서류를 제출해야 한다.

2. 명확한 기타 의미 또는 특정한 표현 형식이 있어서, 공중으로 하여금 오인하게 하지 않는 경우.

---

14) "CCC"는 "China Compulsory Certification"의 약자이다.

예_

지정상품: 핸드폰용 전지, 핸드폰용 충전기

지정상품: 수도꼭지, 샤워용 설비

六. "적십자", "적신월"의 명칭·표장과 동일 또는 유사한 경우

여기에서의 "적십자"(도1 참조) 표장은 국제인도주의 보호표장으로, 무장조직 의료기구의 특정 표장이며, 적십자사의 전용표장이다. "적신월"(도2 참조) 표장은 아랍 국가와 일부 이슬람 국가의 적신월회가 전용하는 것으로, 성질과 기능에서 적십자 표장과 동일한 표장이다. 적십자 표장은 흰색 바탕에 적십자이고, 적신월 표장은 우측으로 구부러진 또는 좌측으로 구부러진 적신월이다.

도3은 "적수정(红水晶)" 표장(흰색 바탕에 정방형의 붉은 색 틀이 똑바로 서 있는 도안)인데, 국제인도법이 규정하는 전투현장 구호와 관련된 제3의 특수표장으로서, "적십자", "적신월" 표장과 동등한 법적 효력과 지위를 갖는다.

(도1)   (도2)   (도3)

(一) 상표 문자의 구성·도형외관 또는 그 조합이 "적십자", "적신월", "적수정"의 명칭·도안과 시각에서 기본적으로 차이가 없는 경우, "적십자", "적신월", "적수정"의 명칭·표장과 동일한 것으로 판정한다.

예_

Red Cross   red  crescent

("Red Cross"는 "적십자"로 번역된다.)   ("red crescent"는 "적신월"로 번역된다.)

(二) 상표 문자의 구성·도형외관이 공중으로 하여금 그것을 "적십자", "적신월", "적수정"의 명칭·도안으로 오인하게 하기에 충분한 경우, "적십자", "적신월", "적수정"의 명칭·표장과 유사한 것으로 판정한다.

예_

지정상품: 의약용 약물

그러나 명확한 기타 의미 또는 특정한 표현형식이 있어서 공중으로 하여금 오해하게 하지 않는 경우는 예외로 한다.

예_

지정상품: 소화기계

지정상품: 인쇄잉크, 안료

七. 민족 차별성을 띠는 경우

　여기에서의 "민족 차별성"은 상표의 문자ㆍ도형 또는 기타 구성요소가 특정한 민족을 부정적으로 묘사하거나 깎아내리거나 또는 그 민족을 기타 부당하게 취급하는 내용을 띠는 것을 가리킨다. 민족 차별성의 판정에는 상표의 구성과 그 지정상품 또는 서비스를 종합적으로 고려해야 한다.

　상표의 문자구성이 민족명칭과 동일 또는 유사하고, 특정 민족을 부정적으로 묘사하거나 또는 깎아내리는 경우, 민족 차별성을 띠는 것으로 판정한다.

　예_

印第安人
INDIAN

지정상품: 수세식 변기

　그러나 명확한 기타 의미가 있거나 또는 민족 차별성이 없는 경우는 예외로 한다.

지정상품: 로션

지정상품: 영아의류

八. 기만성이 있어, 공중으로 하여금 상품의 품질 등 특징 또는 산지에 대하여 오인하게 하기 쉬운 경우

여기에서의 기만성이 있다는 것은, 상표가 그 지정상품 또는 서비스의 품질 등 특징 또는 산지에 대하여 그 고유의 정도를 벗어나거나 또는 사실에 부합하지 않는 표시를 하여, 공중으로 하여금 상품 또는 서비스의 품질 등 특징 또는 산지에 대하여 잘못 인식하게 하기 쉬운 것을 가리킨다.

(一) 공중으로 하여금 상품 또는 서비스의 품질·기능·용도·원료·내용·중량·수량·가격·가공·기술 등 특징을 오인하게 하기 쉬운 경우
1. 공중으로 하여금 상품 또는 서비스의 품질 등 특징에 대하여 오인하게 하기 쉬운 경우

예_

¹⁵⁾

지정상품: 설탕, 차

지정상품:
백주(白酒)

¹⁶⁾

지정상품: 광천수

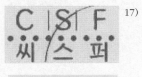
¹⁷⁾

지정상품: 가구

---

15) "有机"에는 "유기물", "유기체"의 의미가 있다.
16) "极品"의 의미는 "최상품"이다.
17) "消費者满意的家具"의 의미는 "소비자가 만족해 하는 가구"이다.

周大麟 24K

지정상품: 금도금 제품

2. 공중으로 하여금 상품의 기능·용도 특징을 오인하게 하기 쉬운 경우

예_

清雪剂

(이 문자는 "청혈제(清血剂)"의 발음과 동일[18]하여, 소비자로 하여금 상품이 피를 맑게 하는 기능이 있는 것으로 생각하게 하기 쉽다.)

지정상품: 인체용 약

肺力长 [19]

지정상품: 커피음료, 차, 벌꿀

捷力特 奇效转阴 99 [20]

지정상품: 인체용 약

---

18) "설(雪)"과 "혈(血)"의 중국어 발음표기가 [xue]로 같다.
19) "肺"는 "허파", "폐"를 의미하므로, "肺力长"은 "폐가 좋아진다"는 의미로 해석할 수 있다.
20) "捷"는 "지름길", "재빠르다", "신속하다"의 뜻이 있으며, "奇效"도 "뛰어난 효과"라는 의미가 있다.

지정상품: 식용 제비집, 과일 통조림

지정상품: 염료

3. 공중으로 하여금 상품의 종류·주요원료·성분 등 특징에 대하여 오인하게 하기 쉬운 경우

예_

지정상품: 가금(살아 있지 않은)

지정상품: 생선 가공 식품

지정상품: 자라젤리, 조미품

지정상품: 비타민 제제, 어간유

21) "代谢修复"는 "신진대사(代谢)가 개선된다"는 의미로 해석할 수 있다.
22) 결함(缺陷) zero(零)의 의미이다.
23) "牛肉"는 "쇠고기"이다.
24) "黑猪"는 "흑돼지"이다.
25) "枸杞"는 "구기자"이다.
26) "山楂"는 "산사나무"이다.

铁观音 [27)]

지정상품: 연초

功夫酱 [28)]

지정상품: 설탕, 식용 소금

그러나 출원인이 등록한 표장·문자 등이 지시하는 의미 또는 물품이 등록 출원한 상품(서비스)와 업종에 있어서 아무런 관련이 없는 경우는 예외로 한다.

 [29)]

지정상품: 복장

苹果 [30)]

지정상품: 컴퓨터

4. 공중으로 하여금 상품의 중량·수량·가격·생산시기·가공·기술 등 특징에 대하여 오인하게 하기 쉬운 경우

예_

BLUE ARROW
850ml

지정상품: 광천수

 [31)]

지정상품: 담배

---

27) "铁观音"은 중국 푸젠성 안씨현(安溪县)에서 생산되는 차의 한 품종이다.
28) "酱"은 "간장", "된장", "장을 담그다"에서의 "장"이다.
29) "山楂果"는 "산사나무 열매"이다.
30) "苹果"는 "사과", 즉 "Apple"이다.
31) "支"는 가늘고 긴 물건을 세는 단위로서, 담배를 세는 단위인 "개비"에 해당한다.

³²⁾

明 嘉靖十八年 ³³⁾

지정상품: 장신구

지정상품: 자기테이프,
디스크(음향), 안경

倒笃 ("倒笃"는 장아찌 담그는
방법의 일종)

지정상품: 가금(살아 있지 않은 것),
생선가공식품 등

5. 공중이 익숙하게 알고 있는 서적 · 게임 · 영화 · TV프로그램 · 방송프로그램 · 노래의 명칭으로, 관련된 상품 또는 서비스를 지정하여, 소비자로 하여금 지정상품 또는 서비스의 내용을 오인하게 하기 쉬운 경우

예_

三国演义onweb 俄罗斯方块 ³⁴⁾

지정상품: 만화책 시리즈

지정상품: 영상 게임의 이미지 및 소리
프로그램

---

32) "¥", "元"은 중국 인민폐의 단위인데, "缘"은 "元"과 발음표기가 [yuán]으로 서로 같다.
33) "嘉靖"은 명나라 제11번째 황제인 세종의 연호로서, "嘉靖十八年"은 서기 1539년이다.
34) "俄罗斯"는 "러시아"이고, "方块"는 "사각형 또는 정육면체의 물체"인데, "俄罗斯方块"는 테트리스(Tetris)이다.

THE MONKEY KING: UPROAR IN HEAVEN ³⁵⁾

지정상품: 만화영화

상표를 지정상품에 사용하여, 지정상품의 품질·주요원료·기능·용도·중량·수량 및 기타 특징을 직접적으로 표시할 수도 있고, 공중으로 하여금 위와 같은 특징에 대하여 오인하게 할 수도 있는 경우, 「상표법」 제10조 제1항 제7호의 규정을 적용하거나, 또는 제10조 제1항 제7호와 제11조 제1항 제2호의 규정을 동시에 적용해야 한다.

(二) 공중으로 하여금 상품 또는 서비스의 산지·출처를 오인하게 하기 쉬운 경우
1. 상표가 지명으로 구성되거나 또는 지명을 포함하고 있으며, 출원인이 그 지역의 출신이 아님에도 지정상품에 사용하여, 공중으로 하여금 산지에 대하여 오인하게 하기 쉬운 경우(예를 들어, 기타 의미가 없는 중국의 현급(县级) 이상 행정구역의 지명 또는 공중이 알고 있는 외국의 지명에 관계된 경우, 「상표법」 제10조 제2항의 규정을 동시에 적용하여 거절해야 한다.)

예_

 ("PARIS"는 "파리"로 번역된다.)

출원인: M.SERGE LOUIS ALVAREZ
출원인 주소: 18 RUE ROBIN, BP 148
F-26905 VALENCE CEDEX 9(FRANCE)

---

35) "大闹天宫"은 서유기(西游记) 중의 손오공이 천당에서 큰 소란을 일으킨 것을 표현한 것으로, 같은 이름의 영화 등이 있다.

("NEW YORK"는 "뉴욕"으로 번역되고,
"PARIS"는 "파리"로 번역된다.)

출원인: 北京盛世杰威服装服饰有限公司

FREDERIQUE CONSTANT
GENEVE

("GENEVE"는 "제네바"로 번역된다.)

출원인: 弗雷德瑞克康士丹顿控股有限公司
출원인 주소: 荷属安的列斯岛, 库拉索岛, 比恩沃格15号

2. 상표 문자의 구성이 중국 현급(县级) 이상 행정구역의 지명 또는 공중이 알고 있는 외국의 지명과 같지는 않지만, 자형(字形)·독음이 유사하여 공중으로 하여금 그 지명인 것으로 오인하게 하기에 충분하여, 상품 생산지의 오인이 발생하는 경우

예_

 36)

지정상품: 소주(烧酒)

---

36) "宁夏"는 중국의 행정구역인 "닝샤회족자치구(宁夏回族自治区)"의 "宁夏"와 자형·독음이 유사하다.

37)

지정상품: 과일주(알코올 포함)
출원인: 南通富豪酒业有限公司

38)

지정서비스: 카페, 술집 등
출원인 주소: 云南省丽江市滇西明珠花园别墅605栋

　　3. 상표가 중국의 현급(县级) 이상 행정구역 지명 이외의 기타 지명으로 구성되었거나 또는 이와 유사한 지명을 포함하고 있고, 그 지정상품에 사용하면 공중으로 하여금 상품의 산지를 오인하게 하기 쉬운 경우

　　예_

지정상품: 쌀,
옥수수(제분한)

　　그러나 지정상품과 그 나타내는 지점 또는 지역 사이에 특정한 연계가 없어 공중으로 하여금 오인하게 하지 않는 경우는 예외로 한다.

---

37) "扎幌[zhāhuǎng]"은 "札幌[Zháhuǎng]"과 자형·독음이 유사한데, "札幌[Zháhuǎng]"은 일본 홋카이도 지방의 도시인 "삿포로(Sapporo)"이다.

38) "吧黎[balí]"는 프랑스의 수도 Paris의 중국식 표기 "巴黎 [Bālí]"와 자형·독음이 유사하다.

예_

北戴河长胜

BEI DAI HE CHANG SHENG

지정상품: 오토바이, 자전거,
유람선

4. 상표에 국가명칭이 포함되어 있으나 출원인은 그 국가 출신이 아니어서, 그 지정상품에 사용하면 공중으로 하여금 상품의 산지를 오인하게 하기 쉬운 경우

예_

출원인: (벨기에)
PAPERLOOP S.P.R.L.

5. 상표에 기업명칭이 포함되어 있으나, 그 명칭이 출원인의 명의와 실질적 차이가 있는 경우

여기에서의 기업명칭은 전체명칭·약칭·중문명칭·영문명칭 및 명칭의 중국어 알파벳 발음표기 등을 포괄한다.

상표에 포함된 기업명칭의 행정구역 또는 지역명칭, 상호, 업종 또는 경영특징, 조직형식이 출원인의 명의와 부합하지 않는 경우, 출원인의 명의와 실질적 차이가 있는 것으로 판정한다.

예_

지정상품: 의류

(출원인: 潍坊体会制衣有限公司)

지정상품: 육류

(자모(字母)는 北京茂盛园肉食品厂의 중국식
발음표기이다. 출원인은 褚秀丽[40]이다.)

지정서비스: 병원, 수의 보조, 동물 사육
(출원인: 郑伯昂)[41]

潮创集团

지정서비스: 부동산임대 등
(출원인: 广州潮创房地产开发有限公司)

---

39) 상표에 "홍콩(香港)"이라는 지명이 포함되어 있으나, 출원인 명칭에는 샨둥성(山东省)의 도
시인 "웨이팡(潍坊)"이 포함되어 있다.

40) 자연인의 성명.

41) 상표에 "세계동물의료보건연맹(世界动物医疗保健联盟)"이 포함되어 있으나, 이 상표의 출
원인은 자연인이다.

汇智银行

지정서비스: 법률연구 등

(출원인: 深圳市中兴达文化传播有限公司)

상표에 포함된 기업명칭이 출원인의 명칭과 일치하지 않지만, 상업적 관례에 부합하고 공중으로 하여금 상품 또는 서비스의 출처를 오인하게 하지 않는 경우는 예외로 한다.

예_

지정상품: 플라스틱
포장용기
(출원인: [台湾]宏全
国际股份有限公司)

지정상품: 로봇(기계)
(출원인: 沈阳新松机器人
自动化股份有限公司)

지정상품: 가구용 비금속 부속
(출원인: 上海永春装饰有限公司)

지정상품: 금속 와이어
(출원인: 诚志股份有限公司)

지정상품: 소시지

(출원인: 沈阳长香斯食品有限公司,
영문은 출원인의 명칭으로 볼 수 있다.)

6. 상표가 타인의 성명으로 구성되었으나 본인의 허가를 받지 아니하여, 공중으로 하여금 상품 또는 서비스의 출처를 오인하게 하기 쉬운 경우(예를 들어, 정치·종교·역사 등과 관계된 공인(公人)의 성명으로 구성된 상표로서, 중국의 정치·경제·문화·종교·민족 등 사회공공이익과 공공질서에 소극적·부정적 영향을 주기에 충분한 경우, 「상표법」 제10조 제1항 제8호 규정을 적용하여 거절할 수 있다.)

성명은 호적등기에 사용된 성명을 포괄할 뿐만 아니라, 별명·필명·예명·아호·별호 등도 포괄한다.

예_

顾景舟   주: 顾景舟는 중국의
              공예미술가이다.

지정상품: 다구(茶具), 자기
(출원인: 宜兴市一道紫砂陶瓷制品设计室)

葛优[42]

지정상품: 의료용 영양품,
살충제 등
(출원인: 盛英)

---

42) "살아간다는 것(活着)", "If you are the one(非诚勿扰)", "양자탄비(让子弹飞)", "천하무적(天下无贼)" 등 영화에 출연한 중국의 유명 영화배우 꺼요(葛优)의 이름을 상표로 한 것이다.

7. 공중을 오인하게 하기 쉬운 기타의 경우

环渤海国际自行车赛

지정서비스: 교육, 체육대회 조직 등

"环渤海国际自行车赛"는 국가체육총국이 주관하는
국제체육경기이다. 출원인은 曲安江

渝洽会

지정서비스: 광고, 상업 또는 광고교역회 조직

"渝洽会"는 "中国(重庆)国际投资暨全球采购会"의 약칭이다.
출원인은 重庆玺升企业策划有限公司

九. 사회주의 도덕기풍에 해롭거나 또는 기타 부정적 영향이 있는 경우

　　여기에서의 "사회주의 도덕기풍"은 중국인들의 공동생활 및 그 행위의 준칙·규범 및 일정 시기에 사회에서 유행하는 선량한 기풍 및 습관을 가리킨다. "기타 부정적 영향"은 상표의 문자·도형 또는 기타 구성요소가 중국의 정치·경제·문화·종교·민족 등 사회공공이익 및 공공질서에 미치는 소극적·부정적 영향을 가리킨다. 사회주의 도덕기풍에 해롭거나 또는 기타 부정적 영향이 있는지의 판정은 사회적 배경, 정치적 배경, 역사적 배경, 문화적 전통, 민족의 풍속, 종교정책 등 요소를 고려해야 하고, 상표의 구성과 그 지정상품·서비스도 고려해야 한다.

(一) 사회주의 도덕기풍에 해로운 경우

예_

 43)

 44) 45)

 47)

46)

裸跑弟 48)   屌丝男士 49)

---

43) 六合彩(liuhecai)는 홍콩에서 유일하게 합법적으로 승인받은 복권의 명칭이다.
44) "干掉他们!"은 "그들(他们)을 해치우자(干掉)!"는 의미이다.
45) "街頭霸王"은 "길거리 깡패"로 번역될 수 있다.
46) 문자부분 중 "二房"은 "첩", "둘째 부인"의 의미가 있다.
47) "王八蛋"은 욕설로서, "X새끼", "X자식" 등으로 번역될 수 있다.
48) "裸跑"는 나체로 질주하는 "스트리킹(streaking)"을 의미하여, "弟"는 "남동생", "남자아이"
   를 의미한다.
49) "屌"는 남자의 음경을 낮게 부르는 말인데, "屌丝"에는 "돈도 없고, 외모도 별로고, 집안도
   배경도 없는 사람"이라는 뜻이 있다.

(二) 정치적으로 부정적인 영향이 있는 경우

1. 국가·지역 또는 정치적 국제조직의 지도자 성명과 동일 또는 유사한 경우

예_

2. 국가 주권·존엄 및 이미지를 해치는 경우

예_

(식민주의자의 중국 타이완에 대한 호칭)

(온전하지 않은 중국 지도를 포함)

---

50) "润芝"는 마오저뚱(毛泽东)의 자(字)이다.
51) "普京(pujing)"은 러시아 대통령 블라디미르 푸틴(Vladimir Putin)의 중국식 표기이다.
52) 타이완의 다른 이름인 "Formosa"의 중국식 표기이다.

3. 정치적 의미가 있는 숫자 등으로 구성된 경우

예_

4. 테러 조직, 사이비 종교 조직, 범죄 조직의 명칭 또는 그 지도자의 성명과 동일 또는 유사한 경우

예_

(三) 상표에 중국의 국가명칭이 포함되어 국가명칭이 남용되게 되고, 사회공공이익 및 공공질서에 기타 소극적 · 부정적 영향을 줄 수 있는 경우

---

53) 중일전쟁의 발단이 된 노구교(卢沟桥) 사건이 1937년 7월 7일 발생하였는데, 이 노구교 사건을 7 · 7사변이라고도 부른다.

54) 9 · 18 사변은 "봉천사변"이라고도 하는데, 1931년 9월 18일 일본관동군이 심양 부근의 일본군 부설 철로가 훼손된 것을 핑계로 하여 심양을 시작으로 중국의 동북지방을 점령한 사건이다.

55) "拉登[lādēng]"은 알카에다의 지도자 오사마 빈 라덴의 중국식 표기이다.

예_

지정상품: 완구, 헬스기구,
무릎 보호대

지정상품:
종이, 인쇄물

지정서비스: 광고

지정상품: 포도주

(四) 종족의 존엄 또는 감정을 해하는 경우

예_

56)

HONKY

"흰둥이(흑인의 백인에 대
한 멸칭)"으로 번역된다.

---

56) "黑鬼"는 흑인을 낮추어 부르는 말이다.

(五) 종교신앙 · 종교감정 또는 민간신앙에 해로운 경우

이 기준 중의 "종교"는 불교 · 도교 · 이슬람교 · 기독교 등 및 이들 종교에서 갈라져 나온 여러 교파를 포괄한다. 이 기준 중의 민간신앙은 주로 마주(妈祖)[57] 등 민간신앙을 가리킨다.

1. 상표가 아래 중 하나인 경우, 종교신앙 · 종교감정 또는 민간신앙에 해로운 것으로 판정한다.

(1) 종교 또는 민간신앙 우상(偶像)의 명칭 · 도형 또는 그 조합

예_

(불교우상)

(도교우상)

(민간신앙)

(2) 종교활동의 지점 · 장소의 명칭 · 도형 또는 그 조합

예_

美 联

Mecca

(메카(Mecca)는
종교성지)

(자주 볼 수 있는 도교
사원 명칭)

雍和宮

(중국 티벳 불교 사원)

---

57) 중국 동남부 연해 지역의 전설 속에서 항해를 관장하는 여신이다.

(3) 종교의 교파·경서·용어·의식·습속·전속용품 및 종교인사의 호칭·형상

예_

(상표의 문자는 "설역소허상
(雪域小和尚)")

(도교 교파 중 하나)

2. 상표가 아래 중 하나인 경우, 종교신앙·종교감정 또는 민간신앙에 해로운 것으로 판정하지 않는다.

(1) 「종교사무조례」(2004년 국무원 제426호 공포, 2005년 3월 1일 시행)에 근거하여, 종교단체·종교활동장소는 법에 의해 사회공익사업을 창설할 수 있는데, 기타 종교활동장소의 이익을 해하지 않는다는 전제하에서, 종교단체 또는 그 권한을 받은 종교기업이 자기에게 전속하는 종교활동장소의 명칭을 상표등록출원하는 경우

예_

출원인: 중국 쑹산
(嵩山) 소림사(少林寺)

출원인: 베이징 용허
꿍(雍和宮) 관리처

(2) 상표의 문자 또는 도형이 비록 종교 또는 민간신앙과 관계되지만, 기타 의미가 있거나 또는 그 종교와 관련된 의미가 이미 확대되어, 공중으로 하여금 그것을 특정 종교 또는 민간신앙과 서로 연계시키지 않는 경우

예_

(태극무늬는 도교의 표지 중 하나이나, 이미 의미가 확대되었다.)

(浙江普陀 · 贵州施秉县 · 辽宁桓仁县에 모두 佛顶山이라는 이름의 산이 있다.)

(六) 중국 각 당파 · 정부기구 · 사회단체 등 단위 또는 조직의 명칭 · 표장과 동일 또는 유사한 경우

여기에서의 당파는 중국공산당과 민주당파로 통칭되는 8개 정당, 즉 중국 국민당혁명위원회(中国国民党革命委员会), 중국민주동맹(中国民主同盟), 중국민주 건국회(中国民主建国会), 중국민주촉진회(中国民主促进会), 중국농공민주당(中国农 工民主党), 중국치공당(中国致公党), 구삼학사(九三学社), 타이완민주자치동맹(台湾 民主自治同盟)을 포괄한다. 여기에서의 명칭은 전체명칭 · 약칭 · 줄임표기 등을 포괄한다. 여기에서의 표장은 휘장 · 깃발 등을 포괄한다.

예_

(민건(民建)은 중국민주건국 회(中国民主建国会)의 약칭 이다.)

(중국소비자협회 (中国消费者协会)의 표장과 동일하다.)

(중국세관(海关)의 휘장과 유사하다.)

(七) 중국 정당기관의 직무 또는 군대의 행정직무 및 계급의 명칭과 동일한 경우

여기에서의 정당기관은 중국공산당기관, 인민대표대회기관, 민주당파기관, 정협기관, 행정기관, 심판기관, 검찰기관을 포괄한다. 예를 들어, 행정기관의 직무는 총리(総理)·부장(部长)·국장(局长)·사장(司长)·처장(处长)·과장·과원을 포괄한다. 군대의 행정직무는 군장(军长)·사장(师长)·단장(团长)·영장(营长)·연장(连长)·배장(排长)을 포괄한다. 군대의 계급은 장관(将官) 세 계급 즉, 상장(上将)·중장(中将)·소장(少将), 교관(校官) 네 계급 즉, 대교(大校)·상교(上校)·중교(中校)·소교(少校), 위관(尉官) 세 계급 즉, 상위(上尉)·중위(中尉)·소위(少尉)를 포괄한다.

상표의 문자가 중국 정당기관의 직무 또는 군대의 행정직무 또는 계급의 명칭과 동일한 경우, 부정적 영향을 발생시키는 것으로 판정한다.

예_

 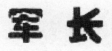 

그러나 중국 정당기관의 직무 또는 군대의 행정직무 및 계급의 명칭과 동일 또는 유사한 문자를 포함하고 있다고 하더라도, 기타 의미가 있어 공중으로 하여금 오인하게 하지 않는 경우는 예외로 한다.

예_

(八) 각국 법정화폐의 도안·명칭 또는 표기와 동일 또는 유사한 경우

예_

(인민폐 부호)

(유로화 부호)

KRONE

(KRONE는 덴마크
화폐의 명칭)

美金

(美金은 곧 미국달러)

(九) 상표에 부정확한 한자가 있거나 또는 성어(成语)를 부정확하게 사용하여, 공중
특히 미성년자로 하여금 잘못 알게 하기 쉬운 경우

예_

(출원인은 상표의 문자가
厉捷라고 밝힘)

嘉逸达

("逸"의 점 하나가 빠짐)

隨心所欒

4자 성어의 "隨心所欲"를 부정확하게 사용

(十) 상표에 정치·종교·역사 등에서의 공인(公人) 성명 또는 이와 유사한 문자가 포함되어 있어, 중국의 정치·경제·문화·종교·민족 등 사회공공이익 및 공공질서에 소극적·부정적 영향을 주기에 충분한 경우

예_

孔
子

(출원인: 자연인)

梅兰芳

("매란방(梅兰芳)은 중국 경극의 저명한 공연예술가이다.)

지정서비스: 교육·훈련

(출원인: 京艾丹营销咨询中心)

宗喀巴

("宗喀巴"는 티벳불교 격로파(格鲁派)의 창립자이다.)

(출원인: 台州市华程日用品有限公司)

(十一) 기타 부정적 영향이 있는 경우

예_

("비전(非典)"은 "비정형성 폐렴
(非典型性肺炎)"의 약칭이다.)

지정상품: 종이, 위생지 등

("埃博拉"[58])는 매우 희귀한
바이러스의 일종이다.)

지정상품: 목욕용 온수기 등

59)

지정상품: 포도주

지정상품: 비료

(이 상표의 도형부분은
마카오 특별행정구 깃
발의 도안과 유사하다.)

---

58) 에볼라(Ebola)의 중국식 표기.

59) 문자부분은 삼개대표(三個代表)인데, 이는 중국의 전 국가주석 쟝쩌민(江澤民)의 정치사상
으로, 중국공산당은 선진 사회생산력의 발전 요구, 선진문화의 전진방향 및 광대한 인민의
근본 이익을 대표해야 한다는 것이 그 요지이다.

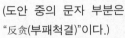
(도안 중의 문자 부분은
"反贪(부패척결)"이다.)

十. 지명을 포함한 상표의 심사

여기에서의 "현급(县级) 이상 행정구역"은 현급(县级)의 현(县)·자치현(自治县)·현급시(县级市)·시할구(市辖区), 지급(地级)의 시(市)·자치주(自治州)·지구(地区)·맹(盟), 성급(省级)의 성(省)·직할시(直辖市)·자치구(自治区), 두 개의 특별행정구 즉, 홍콩·마카오, 타이완(台湾) 지구를 포괄한다. 현급 이상 행정구역의 지명은 중국 민정부(民政部)가 편집출판한 「중화인민공화국 행정구획간책(中华人民共和国行政区划简册)」을 기준으로 한다. 여기에서의 현급 이상 행정구역의 지명은 전체명칭·약칭 및 현급 이상의 성·자치구·직할시·특별행정구, 성(省)정부 소재도시, 계획단열시(计划单列市),[60] 저명한 관광도시 명칭의 중국어 알파벳 발음표기 형식을 포괄한다.

"공중이 알고 있는 외국지명"은 중국 공중이 알고 있는 중국 이외의 기타 국가 및 지역의 지명을 가리킨다. 지명은 전체명칭·약칭·외국어명칭 및 통용되는 중국식 명칭을 포괄한다.

"지명에 기타 의미가 있다"는 것은 지명의 어휘에 명확한 의미가 있고, 그

---

60) "국가사회 및 경제발전 계획단열시(国家社会与经济发展计划单列市)"의 약칭으로서, 행정건제에는 변동이 없는 상황에서 국가계획에 별개의 항목으로 포함되어 성(省)에 상당하는 경제관리 권한이 주어진 성 직할시를 가리키며, 따렌(大连)·칭다오(青岛)·닝뽀(宁波)·샤먼(厦门)·선전(深圳) 5개 도시가 이에 해당한다(바이뚜baidu 백과사전).

의미가 지명의 의미보다 강하여 공중을 오도하지 않는 것을 가리킨다.

(一) 현급 이상 행정구역 지명을 포함하는 상표의 심사

상표가 현급 이상 행정구역의 지명으로 구성되었거나 또는 현급 이상 행정
구역의 지명을 포함하는 경우 상표로 할 수 없다.

예_

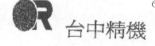

그러나 아래 중 하나의 경우는 예외로 한다.

1. 지명에 기타 의미가 있고 그 의미가 지명의 의미보다 강한 경우

---

61) "皖 [wǎn]"은 안후이성(安徽省)의 약칭이다.
62) "深圳"은 광동성(广东省)에 있는 도시이다.
63) "台中"은 타이완에 있는 도시이다.
64) "新疆"은 신장위구르자치구(新疆维吾尔自治区)의 약칭이다.
65) "DALIAN"은 랴오닝성(辽宁省)에 있는 도시인 "大连[Dàlián]"의 중국어 발음표기와 같다.

예_

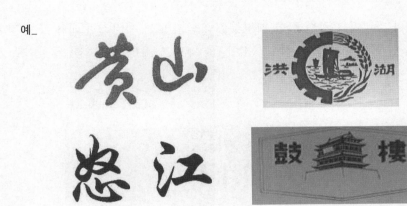

2. 상표가 지명 및 기타 문자로 구성되어 전체적으로 지명의 의미보다 강한 기타 의미가 있는 경우

예_

지정상품: 약품 소매 또는
도매서비스 등

지정상품: 장아찌

지정상품: 백주(白酒)

3. 상표가 둘 또는 둘 이상의 행정구역 지명의 약칭으로 구성되어, 공중으로 하여금 상품의 산지 등 특징에 대하여 오인하게 하지 않는 경우

예_   66)

지정상품: 비료

---

66) "豫"는 허난성(河南省)의 약칭이고, "晋"은 샨시성(山西省)의 약칭이다.

그러나 소비자로 하여금 그 지정상품의 산지 또는 서비스의 내용 등 특징에 대하여 오인하게 하기 쉬운 경우, 「상표법」 제10조 제1항 제7호의 규정으로 거절한다.

예_

지정서비스: 관광 여행

4. 상표가 성·자치구·직할시·특별행정구, 성(省)정부 소재도시, 계획단열도시, 저명한 관광도시 이외 지명의 중국어 알파벳 발음표기 형식으로 구성되고, 공중으로 하여금 상품의 산지에 대해서 오인하게 하지 않는 경우

예_

지정상품: 전동장치(기기)
("TAI XING"은 쟝수성(江苏省)
타이씽시(泰兴市)의 중국어
알파벳 발음표기와 같다.)

지정상품: 자전거
("XIANG HE"는 허베이성(河北省)
샹허현(香河县)의 중국어 알파벳 발음표기와 같다.)

---

67) "青"은 칭하이성(青海省)의 약칭이고, "藏"은 시짱자치구(西藏自治区, 티벳)의 약칭인데, 이 지역은 관광지로 유명하다.

(二) 공중이 알고 있는 외국지명을 포함한 상표의 심사

상표가 공중이 알고 있는 외국지명으로 구성되었거나, 또는 공중이 알고 있는 외국지명을 포함하는 경우, 상표로 할 수 없다.

예_

(미국 캘리포니아주)
지정상품: 맥주, 광천수

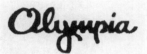

(그리스 올림피아)
지정상품: 의류

(독일 수도 베를린)
지정상품: 맥주

(폴란드 수도 바르샤바)
지정상품: 신발

그러나 상표가 공중이 알고 있는 외국지명 및 기타 문자로 구성되어 전체적으로 기타 의미가 있고, 그 지정상품에 사용하더라도 공중으로 하여금 상품의 산지를 오인하게 하지 않는 경우는 예외로 한다.

예_

LONDON FOG

지정상품: 문서가방, 우산
(런던의 안개는 일종의 자연현상)

(三) 상표에 포함된 지명이 기타 식별력이 있는 표장과 상호 독립적이고, 지명은 단지 출원인의 진정한 소재지만을 표시하는 경우는 예외로 한다.

예_

출원인: 杨洪来
주소: 天津市武清区汉沽港镇一街

출원인: 凤凰股份有限公司
주소: 上海市浦东新区塘南路20号

(GENEVE는 제네바로 번역된다.)
출원인: QUINTING S.A.
주소: 스위스 제네바

("PARIS"는 "파리"로 번역된다.)
출원인: SYLVIE JESSUA
주소: 11,quai de la Gironde,
F-75019 PARIS

(四) 지명을 단체표장·증명표장의 구성부분으로 하는 경우는 예외로 한다.

예_

68)

지정상품: 황주(黃酒)

출원인: 绍兴市黄酒行业协会

帕尔玛火腿69)

지정상품: 햄(火腿)

주소: 帕尔玛意大利熏火腿康采恩公司

---

68) "绍兴"은 저장성(浙江省)에 있는 도시이다.
69) "帕尔玛"는 이탈리아 북부의 도시 Parma의 중국식 표기이다.

제2부

상표의 식별력 심사

一. 법적 근거

「상표법」 제11조 ① 다음 각 호의 표장은 상표로 등록할 수 없다.

  1. 그 상품에 통용되는 명칭·도형·규격만 있는 경우

  2. 상품의 품질·주요원료·기능·용도·중량·수량 및 기타 특징만을 직접적으로 표시하는 경우

  3. 식별력이 결여된 기타의 경우

② 전항에서 열거한 표장이 사용을 통해서 식별력을 취득하고 식별하기에 쉬운 경우, 상표로 등록할 수 있다.

二. 관련 해석

　　상표의 식별력은 상표가 당연히 구비해야 하는, 관련 공중으로 하여금 상품의 출처를 충분히 구분할 수 있게 하는 특징을 가리킨다. 상표가 식별력이 있는지를 판단함에는 상표를 구성하는 표장 자체의 의미·칭호 및 외관구성, 상표의 지정상품, 상표의 지정상품 관련 공중의 인지습관, 상표의 지정상품이 속하는 업계의 실제 사용 상황 등의 요소를 종합적으로 고려해야 한다.

　　이 부분은 일반상표의 식별력에 대한 심사를 주된 내용으로 해석 및 설명하며, 입체상표 · 소리상표 · 색채상표의 식별력에 대한 심사는 따로 설명한다. 아래에서는 「상표법」제11조 규정 각 항 · 호의 심사에서의 적용에 대하여 순서대로 설명한다.

三. 상품에 통용되는 명칭 · 도형 · 규격만 있는 경우

　　여기에서의 통용되는 명칭 · 도형 · 규격은 국가표준 · 업계표준이 규정하는 또는 관습적으로 굳어진 명칭 · 도형 · 규격을 가리키며, 그중 명칭은 전체명칭 · 약칭 · 줄임표기 · 속칭을 포괄한다.

　　(一) 지정상품에 통용되는 명칭만 있는 경우

예_

지정상품: 인삼

MULLER

("MULLER"는 "연마기"로 번역될 수 있다.)

지정상품: 연마공구

　　(二) 지정상품에 통용되는 도형만 있는 경우

예_

지정상품: 사과

지정상품: 신발밑창

(三) 지정상품에 통용되는 규격만 있는 경우

예_

502 ¹⁾
伍零贰

지정상품: 공업용 접착제

XXL

지정상품: 의류

ZKT

(ZK: 조합식 공조기 등급 부호
T: 통용되는 유닛 부호)

지정상품: 공조기

四. 상품의 품질·주요원료·기능·용도·중량·수량 및 기타 특징만을 직접적으로 표시하는 경우

"… 만을 직접적으로 표시"한다는 것은 상표가 단지 지정상품의 품질·주요원료·기능·용도·중량·수량 또는 서비스의 내용·품질·방식·목적·대상 및 기타 특징을 직접적으로 설명하거나 묘사하는 성질을 갖는 표장만으로 구성되거나 또는 상표에 비록 기타 구성요소가 있다고 하더라도 전체적으로는 단지 직접적으로 표시하는 것을 가리킨다.

(一) 지정상품의 품질만을 직접적으로 표시하는 경우

예_

纯净 ²⁾
Chunjing

지정상품: 식용유

³⁾

지정상품: 쌀

---

1) "502"는 접착제의 규격이다.
2) "纯净[chúnjìng]"은 "순수하고 깨끗하다"의 의미이다.
3) "好香"은 "향기롭다", "맛있다", "구수하다"의 의미이다.

　　그러나 지정상품의 품질만을 직접적으로 표시하는 것이 아닌 경우는 예외
로 한다.

　　예_

純净山谷 ⁴⁾

　　　　지정상품: 육류, 식용유

(二) 지정상품의 주요원료만을 직접적으로 표시하는 경우

　　예_

彩棉 ⁵⁾　龙眼 ⁶⁾　 ⁷⁾

　　지정상품: 의류　　　지정상품: 사탕

　　　　　　　　　　　　　　　　지정상품: 인체용 약

　　그러나 지정상품의 원료만을 직접적으로 표시하는 것이 아닌 경우는 예외
로 한다.

　　예_

桔子红了 ⁸⁾

　　　　지정상품: 과일통조림, 과일잼

---

4) "山谷"는 "산골짜기"이다.
5) "彩棉"은 "천연색 목화"의 의미이다.
6) "龙眼"은 여지노(荔枝奴), 원안(圆眼)이라고도 불리는 과일의 일종이다.
7) "田七"는 "三七"이라고도 불리는 약초이다.
8) "桔子"는 "귤"이다.

(三) 지정상품의 기능 · 용도만을 직접적으로 표시하는 경우

예_

지정상품: 차량용
타이어

SAFETY

지정상품: 누전 보호기

纯净气

지정상품: 기체 정화장치

溶栓清脂 [9]

지정상품: 의약제제

脑基因 [10]

지정상품: 의료용 영양음료

(四) 지정상품의 중량 · 수량만을 직접적으로 표시하는 경우

예_

50kg

지정상품: 쌀

50 支 [11]

지정상품: 담배

四菜一汤 [12]

지정서비스: 식당

---

9) "혈전(血栓)을 용해하고 지방(脂肪)을 청소한다"는 의미로 해석된다.
10) "脑"는 "뇌", "두뇌"이고, "基因"은 "유전자"이다.
11) "支"는 가늘고 긴 물건을 세는 단위로서, 우리말의 "개비"에 해당한다.
12) "요리 넷, 탕 하나"로 해석할 수 있다.

(五) 지정상품의 기타 특징만을 직접적으로 표시하는 경우

1. 지정상품 또는 서비스의 특정 소비대상만을 직접적으로 표시하는 경우

예_

女过四十 ¹³⁾   醫　生 ¹⁴⁾

　　　　　　　　　　　　　　　　　지정상품: 의료수술용 장갑

　　　지정상품: 의료용 영양품

2. 지정상품 또는 서비스의 가격만을 직접적으로 표시하는 경우

예_

百元店 ¹⁵⁾   九块九 ¹⁶⁾

　지정서비스: 판촉대행   지정상품 및 서비스: 비료, 판촉대행

3. 지정상품 또는 서비스의 내용만을 직접적으로 표시하는 경우

예_

名师说课 ¹⁷⁾   炭烤鱼 ¹⁸⁾

　　　　　　　　　　　　　　　　지정서비스: 식당

　지정상품: 디스크, 컴퓨터프로그램

---

13) "女过四十"는 "마흔 넘은 여자"를 의미한다.
14) "醫生"은 "의사"이다.
15) "百元店"은 "일백원 가게"를 의미한다.
16) "九块九"는 "9.9원"이다.
17) "名师说课"는 "명사의 강의"를 의미한다.
18) "炭"은 "숯", "숯불"이고, "烤鱼"는 "구운 생선"이다.

名车快修[19)]

지정서비스: 자동차 정비 및 수리

그러나 기타 요소와 조합하여 상표로서의 식별기능이 있는 경우는 예외로 한다.

예_

지정상품: 호텔

4. 지정상품 또는 서비스의 양식 또는 맛만을 직접적으로 표시하는 경우

예_

지정상품: 가구

지정상품: 과자

5. 지정상품의 사용방식·방법만을 직접적으로 표시하는 경우

---

19) "名车"는 "명차", "품질이 좋은 자동차"이고, "快修"는 "빠른 수리"를 의미한다.
20) "果味夹心"은 "과일맛(果味)이 나는 속을 넣다"로 해석할 수 있다.

예_

自 助 ²¹⁾   冲泡 ²²⁾

지정서비스: 교육, 서적출판   지정상품: 라면

6. 지정상품의 생산가공기법만을 직접적으로 표시하는 경우

예_

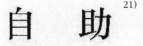
XIANGXIU ²³⁾

 ²⁴⁾

지정상품: 의류   지정상품: 베

7. 지정상품의 생산지점·시간·연도 등 특징만을 직접적으로 표시하는 경우

예_

AMERICAN NATIVE   **990418**

("미국산"으로 번역된다.)

지정상품: 담배   지정상품: 소주

5.5 度

지정상품: 식욕증진주(酒)

---

21) "自助"는 "스스로 알아서 하다"라는 의미가 있다.
22) "冲泡"는 차(茶)를 달이는 과정에서의 특유의 절차이다.
23) "湘绣"는 후난(湖南) 지방에서 자수 제품을 생산하는 기법이다(바이뚜baidu 백과사전).
24) "腊染[làrǎn]"은 중국의 전통 날염기법인 "蜡染 [làrǎn]"과 발음이 동일하다.

8. 지정상품의 형태만을 직접적으로 표시하는 경우

예_

SOLID

("고체의"로 번역된다.)
지정상품: 규산염, 공업용
접착제

果晶

("果晶"은 고체음료 형식의 일종)
지정상품: 무알콜 과즙음료

9. 지정상품의 유효기간·품질보증기간 또는 서비스 시간만을 직접적으로
표시하는 경우

예_

全天 [25]

지정서비스: 라디오방송,
유선TV방송

24 小时 [26]

지정서비스: 은행

10. 서비스 경영장소, 상품 판매장소 또는 지역적 범위만을 직접적으로 표
시하는 경우

예_

지정서비스: 식당

酒 轩 [27]

지정상품: 백주(白酒)

---

25) "全天"은 "하루종일", "24시간"을 뜻한다.
26) "24小时"는 "24시간"이다.
27) "轩"는 "집", "수레", "난간" 등의 장소를 가리킨다.

11. 상품의 기술적 특징만을 직접적으로 표시하는 경우

예_

蓝牙 [28]

지정상품: 전화기

NAMI [29]
纳米

지정상품: 욕실장치

共晶

지정상품: 일반금속합금

近场通讯

지정서비스: 정보전송

近场通讯: 근거리 무선통신 기술

공정(共晶)기술은 야금·열처리에 응용된다. 액상이었다가 일정 온도 이하에서 동일하지 않은 성분 및 동일하지 않은 결정체 구조로 동시에 결정이 형성된다.

五. 식별력이 결여된 기타의 경우

식별력이 결여된 기타의 표장은,「상표법」제11조 제1항 제1호 및 제2호 이외의, 사회의 통상적인 관념에 따라 그 자체 또는 상표로서 지정상품에 사용하는 것이 상품의 출처를 표시하는 기능이 없는 표장을 가리킨다. 주로 다음과 같다.

---

28) "蓝牙"는 "블루투스(bluetooth)"이다.
29) "纳米"는 "나노미터(nanometer)"이다.

(一) 너무 간단한 선이나 보통의 기하학적 도형

예_

(二) 너무 복잡한 문자 · 도형 · 숫자 · 자모 또는 위 요소의 결합

예_

지정상품: 차, 음료수   지정상품: 사탕

(三) 하나 또는 둘로 구성된 일반적 표현형식의 자모

예_

A   JT

지정상품:
의류

지정상품:
손목시계,
괘종시계

지정상품:
콘크리트건축부재

그러나 일반적이지 않은 글자체 또는 기타 요소와 조합하여 전체적으로 식별력이 있는 경우는 예외로 한다.

예_

지정상품: 머리 장식품

지정상품:
재봉틀 기름

(四) 일반적 형식의 아라비아 숫자

예_

지정상품: 립스틱

지정상품: 소독제

5203

지정상품: 신발

그러나 일반적이지 않은 표현형식 또는 기타 요소와 조합하여 전체적으로 식별력이 있는 경우는 예외로 한다.

예_

지정상품: 공업용 지방

지정상품: 음수조

(五) 지정상품에 자주 사용되는 포장·용기 또는 장식적 도안

예_

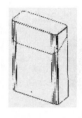
(평면상표)
지정상품: 담배

(평면상표)
지정상품:
황주(黃酒)

지정상품: 쟁반

그러나 기타 요소와 조합하여 전체적으로 식별력이 있는 경우는 예외로 한다.

예_

지정상품:
광천수

지정상품: 초코렛 조각
주) 매 조각에 Ritter
sprots가 찍혀 있다.

지정상품:
유리잔(용기)

(六) 단일 색상

예_

(七) 상품 또는 서비스의 특징을 표시하는 단어 또는 구, 보통의 광고선전 용어

예_

一旦拥有，别无所求 [30)]

지정상품: 여행트렁크, 가방

주) 사용대상으로 유인한다.

让养殖业充满生机 [31)]

지정상품: 사료

주) 사용상품의 효과를 표시한다.

그러나 기타 요소와 조합하여 전체적으로 식별력을 갖는 경우는 예외로 한다.

예_

지정서비스: 보험

지정상품: 중약성분약

주) 상표문자부분은 贴心还是千金 [33)]

---

30) "일단 갖게 되면, 더 바랄게 없다"는 의미이다.

31) "양식업에 생기가 충만하게 한다"는 의미이다.

32) 표장 하단부의 "一旦拥有, 全程无忧"는 "일단 갖게 되면, 전 과정에 근심이 없다"는 의미이다.

33) "마음에 맞는 것이 역시 중요하다"는 의미이다.

L'OREAL, BECAUSE I'M WORTH IT

지정상품: 화장품

(八) 본 업계 또는 관련 업계에서 자주 사용되는 교역장소의 명칭, 상업·무역 용어 또는 표장

예_

衣店 [34]

지정상품: 의류

mall

지정서비스: 판촉대행

网购 [35]

지정상품: 컴퓨터프로그램

美容專科
H.A.I.R
BEAUTY
SERIES
S·理容系列

지정상품: 손톱손질공구

그러나 기타 요소와 조합하여 전체적으로 식별력을 갖는 경우는 제외한다.

예_

지정서비스: 판촉대행

지정상품: 금속마루, 금속기구

---

34) "衣店"은 "옷가게"이다.
35) "网购"는 "인터넷 쇼핑"이다.

지정상품: 판촉대행

(九) 기업의 조직형식, 본 업계의 명칭 또는 약칭

예_

Inc

지정상품: 인쇄출판물

("INC"는 "회사(公司)"로
번역된다.)

公司
CO.

지정상품:
인쇄출판물

重 工

지정상품: 기중운수기기

("重工"은 본 업계의 "중형공업
(重型工业)"에 대한 약칭이다.)

그러나 기타 구성요소가 있어 전체적으로 식별력을 갖는 경우는 제외한다.

예_

SUPERSOCPE INC.

지정상품: 음향설비

("INC"는 "회사(公司)"로 번역된다.)

지정상품: 굴착기

(十) 전화번호 · 주소 · 문패번호 등의 요소로만 구성된 경우

예_

95557

출원인: 샤먼항공유한공사

(十一) 자주 사용되는 축하인사말

예_

新年快乐 36)

六. 식별력이 없는 표장을 포함한 상표에 대한 심사

(一) 상표가 식별력이 없는 표장과 기타 요소로 구성되고, 그중 식별력이 없는 표장이 만약 그 지정상품 또는 서비스의 특징과 일치하지만, 상업적 관례와 소비습관에 비추어 관련 공중으로 하여금 오인하게 하지 않는 경우, 관련 사용 금지 조항을 적용하지 않고, 식별력 있는 부분에 대해서만 유사검색을 진행하면 된다.

예_

利郎商务男装 37)

지정상품: 의류, 신발

---

36) "新年快乐"는 새해에 건네는 인사말로, "새해 복 많이 받으세요"의 의미이다.
37) "商务男装"은 "비즈니스 남성복"의 의미이다.

지정상품: 찬장, 사무가구

지정상품: 체육운동기계

(二) 상표가 식별력이 없는 표장과 기타 요소로 구성되었지만, 관련 공중이 기타 요소를 통해서 또는 상표 전체로 보아 상품 또는 서비스의 출처를 식별하기가 어려운 경우, 여전히 식별력이 결여된 것으로 본다.

예_

지정상품: 공업용 접착제

"믿을 수 있는"으로 번역된다.)

지정상품: 금속 트렁크

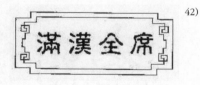

지정서비스: 식당

지정상품: 의류

---

38) "橱柜"는 "찬장" 또는 "옷장"이다.
39) "松下"는 "파나소닉(Panasonic)"이고, "电器"는 "전기 기기"의 의미이다.
40) "502"는 접착제의 규격이다.
41) "纳米"는 "나노미터(nanometer)"이다.
42) "满汉全席"은 수많은 만주족 요리와 한족 요리로 이루어진 호화 연회석으로, 청나라 중엽 궁중에서 유래하였다(바이뚜baidu 백과사전).

그러나 그 기타 요소가 또는 전체 상표가 상품 또는 서비스의 출처를 구별
하는 작용을 일으키는 경우는 예외로 한다.

예_

지정상품: 공업용 접착제

지정상품: 나노 의류

"SHOE"는 "신발"로
번역된다.

　지정상품: 신발

"reliable"은 "믿을 수 있
는"으로 번역된다.

　지정상품: 금속함

"PURITY"는 "순정"으로
번역된다.

　지정상품: 광천수

지정상품: 식당

---

43) "502"는 접착제의 규격이다.

44) "纳米"는 "나노미터(nanometer)"이다.

45) 아래의 문자부분은 "만한전석(满汉全席)"이다. 각주 42) 참고.

七. 사용을 통해서 식별력을 취득한 상표의 심사

자체로는 식별력이 없는 표장이지만, 사용을 통해 상표의 식별력을 취득하여 상품 또는 서비스의 출처를 구별하는 기능을 할 수 있는 경우, 상표로 등록받을 수 있다.

예_

46)
지정상품: 치약

47)
지정상품: 요구르트

48)
지정상품: 구두약

사용을 통해 식별력을 취득한 상표에 대한 심사에 있어서는, 관련 공중의 그 상표에 대한 인지상황, 출원인의 그 상표의 실제 사용상황 및 그 상표가 사용을 통해서 식별력을 취득한 기타 요소를 고려해야 한다.

---

46) "两面针"은 약초의 일종이다.
47) "酸乳"는 "요구르트"이다.
48) "黑"는 "검은색"이고, "亮"은 "빛나다"이다.

제3부

상표 동일 · 유사의 심사

一. 법적 근거

「상표법」제30조 등록출원한 상표가 무릇 이 법의 관련 규정에 부합하지 아니하거나 또는 동일한 상품 또는 유사한 상품에 이미 등록된 또는 출원공고결정된 타인의 상표와 동일 또는 유사한 경우, 상표국은 출원을 거절하고 공고하지 아니한다.

「상표법」제31조 둘 또는 둘 이상의 상표등록 출원인이 동일한 상품 또는 유사한 상품에 동일 또는 유사한 상표를 등록출원한 경우, 선출원 상표를 출원공고결정하고 공고한다. 동일한 날에 출원한 경우, 선사용 상표를 출원공고결정하고 공고하며, 기타 출원인의 출원은 거절하고 공고하지 아니한다.

二. 관련 해석

상표가 동일하다는 것은 두 개의 상표가 시각에서 기본적으로 차이가 없어서 동일 또는 유사한 상품 · 서비스에 사용하면 관련 공중으로 하여금 상품 또는 서비스의 출처를 혼동하게 하기 쉬운 것을 가리킨다.

상표가 유사하다는 것은, 상표 문자의 자형 · 독음 · 의미가 유사하고, 상표

도형의 구도·착색·외관이 유사하거나, 또는 문자와 도형의 전체적인 배열조합 방식 및 외관이 유사한 것, 입체상표의 3차원표장 형상 및 외관이 유사한 것, 색채상표의 색상 또는 색상의 조합이 유사한 것, 소리상표의 청각적 감지 또는 전체 음악적 이미지가 유사한 것으로서, 동일 또는 유사한 상품·서비스에 사용하면 관련 공중으로 하여금 상품 또는 서비스의 출처를 혼동하게 하기 쉬운 것을 가리킨다.

동일 상품 또는 서비스는 명칭이 동일한 것과, 명칭이 동일하지 않지만 동일한 사물 또는 내용의 상품 또는 서비스를 가리키는 것을 포괄한다.

유사 상품은 기능·용도·생산부문·판매경로·소비대상 등 분야에서 동일하거나 또는 기본적으로 동일한 상품을 가리킨다.

유사 서비스는 서비스의 목적·내용·방식·대상 등 분야에서 동일하거나 또는 기본적으로 동일한 서비스를 가리킨다.

동일 또는 유사 상품·서비스의 인정은 「상표등록용 상품 및 서비스 국제분류」, 「유사 상품 및 서비스 구분표」를 참고로 한다.

상표 동일 및 유사의 판정은, 먼저 지정상품 또는 서비스가 동일 또는 유사 상품 또는 서비스에 속하는지를 판단하고, 다음으로 상표 자체의 자형·독음·의미 및 전체적 표현형식 등을 고려하는데, 관련 공중의 일반적 주의력을 기준으로 전체 관찰과 주요부분 대비방법을 채용하여, 상표 표장 자체가 동일 또는 유사한지 판단하며, 동시에 상표 자체의 식별력 유무, 선상표의 지명도 및 동일 또는 유사 상품(서비스)에 사용하면 관련 공중으로 하여금 상품(서비스)의 출처에 혼동을 일으키게 할 수 있는지 등 요소를 고려해야 한다.

三. 상표 동일의 심사

(一) 문자상표의 동일

문자상표의 동일은, 상표에 사용된 언어가 동일하고 문자의 구성·배열순서가 완전히 동일하여, 관련 공중으로 하여금 상품 또는 서비스의 출처에 대하여 오인하게 하기 쉬운 것을 가리킨다. 글자체, 자모의 크기 또는 문자의 종횡배

열 차이로 상표에 미세한 차이가 있는 경우, 여전히 동일한 상표로 판정한다.

예_

(二) 도형상표의 동일

도형상표의 동일은, 상표도형이 시각에서 기본적으로 차이가 없어서 관련 공중으로 하여금 상품 또는 서비스의 출처를 혼동하게 하기 쉬운 것을 가리킨다.

예_

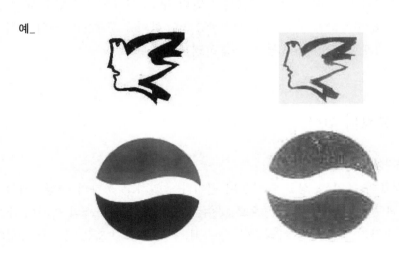

(三) 조합상표의 동일

조합상표의 동일은, 상표의 문자구성·도형외관 및 그 배열조합 방식이 동일하여 상표의 호칭과 전체 시각에서 기본적으로 차이가 없고 관련 공중으로 하여금 상품 또는 서비스의 출처를 혼동하게 하기 쉬운 것을 가리킨다.

예_

四. 상표 유사의 심사

(一) 문자상표의 심사

1. 중국어상표의 한자 구성이 동일하고, 글자체 또는 디자인, 발음표시, 배열순서만 달라서, 관련 공중으로 하여금 상품 또는 서비스의 출처를 혼동하게 하기 쉬운 경우, 유사상표로 판정한다.

예_

迪
安

新康得　新得康

斯波帝卡　波斯·卡帝

嘉伦曼尼　曼尼嘉倫

2. 상표문자의 글자·어휘가 중첩되게 형성되어 관련 공중으로 하여금 상품 또는 서비스의 출처를 혼동하게 하기 쉬운 경우, 유사상표로 판정한다.

예_

星　　昰昰

牛牌　牛牛

Vicki

VICKI · VICKI

哈罗　　哈罗哈罗

3. 중국어상표가 셋 또는 셋 이상의 한자로 구성되어 있지만, 그중 일부 글자만 달라 전체적으로 의미가 없거나 또는 의미가 명확하게 구별되지 않아서, 관련 공중으로 하여금 상품 또는 서비스의 출처를 혼동하게 하기 쉬운 경우, 유사상표로 판정한다.

예_

蒙尔斯特　　蒙尔斯吉

帕尔斯　　帕洛尔斯

莱克斯顿　　莱克斯蔓

心至必达　　心之必达

그러나 상표 첫 글자의 독음 또는 자형이 분명하게 다르거나 또는 전체적인 의미가 달라서 상표를 전체적으로 분명하게 구별되게 하고, 관련 공중으로 하여금 상품 또는 서비스의 출처를 쉽게 혼동하게 하지 않는 경우, 유사상표로 판정하지 않는다.

예_

4. 상표문자의 독음이 동일 또는 유사하고, 자형 또는 전체적 외관이 유사하여, 관련 공중으로 하여금 상품 또는 서비스의 출처를 혼동하게 하기 쉬운 경우, 유사상표로 판정한다.

예_

洛淇

惠特曼

蕙特曼

CATANA

KATANA

Marc O'Polo

MACAO POLO

EXPO 2010 (특수표장)

苗方清顏

苗芳青顏

Marc O'Polo

MACAO POLO

아래와 같이 상표의 의미·자형 또는 전체적 외관의 차이가 분명하여, 관련 공중으로 하여금 상품 또는 서비스의 출처를 쉽게 혼동하게 하지 않는 경우, 유사상표로 판정하지 않는다.

예_

好哥　　　好歌

高太丝　　高泰斯

幸 运 树　　幸运数

5. 상표문자의 구성·독음이 다르지만 상표의 자형(字形)이 유사하여, 관련 공중으로 하여금 상품 또는 서비스의 출처를 혼동하게 하기 쉬운 경우, 유사상표로 판정한다.

예_

酷几　酷儿

　花中王

思琪　恩琪

BOSS   13055   8088

乐土   乐士

6. 상표문자의 구성·독음이 다르지만 의미가 동일 또는 유사하여, 관련 공중으로 하여금 상품 또는 서비스의 출처를 혼동하게 하기 쉬운 경우, 유사상표로 판정한다.

예_

玫瑰花   玫瑰

紅太陽   太陽

精卫　　　　精卫鸟

CROWN　　　　皇冠

("황관(皇冠)"으로 번역된다.)

红&黑　　　　ROUGE ET NOIR

("홍&흑(红与黑)"으로 번역된다.)

3506　　　　三五零六

Onetwothree　　　　123

("123"으로 번역된다.)

B³　　　　B三

SK-TWO　　　　SK-Ⅱ

7. 상표가 동일한 외국어·자모 또는 숫자로 구성되고 글자체 또는 디자인만 달라서, 관련 공중으로 하여금 상품 또는 서비스의 출처를 혼동하게 하기 쉬운 경우, 유사상표로 판정한다.

예_

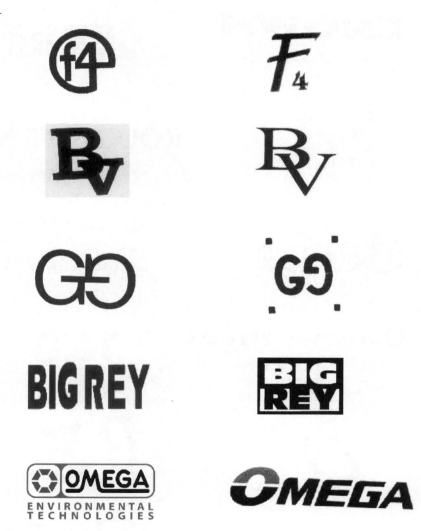

그러나 아래 중 하나의 경우에는 유사상표로 판단하지 않는다.

(1) 상표가 하나 또는 두 개의, 일반적 글자체가 아닌 외국어 자모로 구성되고, 의미가 없을 뿐만 아니라 글자형태가 분명히 달라 상표의 전체적 차이가 분명하여, 관련 공중으로 하여금 상품 또는 서비스의 출처를 쉽게 혼동하게 하지 않는 경우

예_

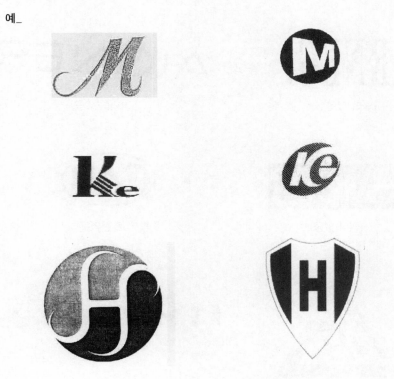

(2) 상표가 세 개 또는 세 개 이상의 외국어 자모로 구성되고 순서가 다르며, 독음 또는 글자형태가 분명하게 다르고 의미가 없거나 또는 의미가 달라 상표의 전체적 차이가 분명하여, 관련 공중으로 하여금 상품 또는 서비스의 출처를 쉽게 혼동하게 하지 않는 경우

예_

(의미 없음)

(의미 없음)

ACB

(의미 없음)

CAB

("택시"로 번역된다.)

HBS 华博士

8. 외국어상표가 네 개 또는 네 개 이상의 자모로 구성되어 있지만 일부 자모가 다르며, 전체적으로 의미가 없거나 또는 의미가 분명하게 구별되지 않아서, 관련 공중으로 하여금 상품 또는 서비스의 출처를 혼동하게 하기 쉬운 경우, 유사상표로 판정한다.

예_

SOMIS

(의미 없음)

(의미 없음)

BILLDAN

BILLDANY

(의미 없음)

(의미 없음)

SUNLIGHT

("태양력"으로 번역된다.)

("태양빛"으로 번역된다.)

CAROLFLEX

CARPOFLEX

(의미 없음)

(의미 없음)

MeGoo

MCgOO

(의미 없음)

(의미 없음)

Yestar

ycstar

(의미 없음)

(의미 없음)

TREC

TREG

(의미 없음)

(의미 없음)

아래와 같이 상표 첫 자모의 독음 또는 자형이 분명하게 다르거나 또는 전체적인 의미가 달라서 상표를 전체적으로 분명하게 구별되게 하여, 관련 공중으로 하여금 상품 또는 서비스의 출처를 쉽게 혼동하게 하지 않는 경우, 유사상표로 판정하지 않는다.

예_

DESIRE

("소망"으로 번역된다.)

Jesiré

(의미 없음)

RELGAN

(의미 없음)

SELGAN

(의미 없음)

("말"로 번역된다.)

("집"으로 번역된다.)

("생각"으로 번역된다.)

THANK

("감사"로 번역된다.)

Yestar

(의미 없음)

AESTAR

(의미 없음)

9. 상표가 둘 이상의 외국어 단어로 구성되지만 단어의 순서만 다르고 의미는 명확하게 구별되지 않아서, 관련 공중으로 하여금 상품 또는 서비스의 출처를 혼동하게 하기 쉬운 경우, 유사상표로 판정한다.

예_

HAWKWOLF WOLFHAWK

(HAWK는 "매"로, WOLF는 "늑대"로 번역된다.)

Wintech Techwin

(Win은 "승리"로, tech는 "기술학원"으로 번역된다.)

10. 외국어상표가 단복수, 동명사, 줄임표기, 관사 추가, 비교급 또는 최상급, 품사 등 형식적 변화만 있고 나타내고자 하는 의미가 기본적으로 동일하여, 관련 공중으로 하여금 상품 또는 서비스의 출처를 혼동하게 하기 쉬운 경우, 유사상표로 판정한다.

예_

(단수 형식)

(복수 형식)

(동사 형식)

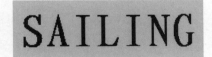

(동명사 형식)

Saint angelo
(전체표기 형식)

St angelo
(줄임표기 형식)

BEGONIA
(명사 형식)

La Bégonia
(명사에 관사 추가 형식)

Beautiful
(형용사 원급)

MoreBeautiful
(형용사 비교급)

Brave
(형용사 형식)

Bravery
(명사 형식)

PROSPER
(동사 형식)

Prosperity
(명사 형식)

invent
(동사 형식)

Inventor
(명사 형식)

11. 상표가 타인의 선상표 및 본 상품의 보통명칭·규격만으로 구성되어, 관련 공중으로 하여금 상품 또는 서비스의 출처를 혼동하게 하기 쉬운 경우, 유사상표로 판정한다.

예_

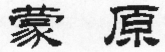

(지정상품: 가공 육류)

(지정상품: 육류)

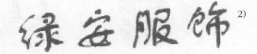

(지정상품: 작업복)

(지정상품: 셔츠)

(지정서비스: 은행)

(지정서비스: 은행)

---

1) "肥羊"은 "살진 양"이다.
2) "服飾"는 "복장"이다.

12. 상표가 타인의 선상표 및 상품의 품질·주요원료·기능·용도·중량·수량 및 기타 특징을 직접적으로 표시하는 문자로 구성되어, 관련 공중으로 하여금 상품 또는 서비스의 출처를 혼동하게 하기 쉬운 경우, 유사상표로 판정한다.

예_

(지정상품:
식물성장조절제)

日 新 生 物

(지정상품: 유해동물박멸제제)

碧　清

(지정상품: 요구르트)

(지정상품: 요구르트)

(지정상품:
알코올 함유 음료)

九 月 紅

(지정상품: 소주(燒酒))

(지정상품: 광천수)

(지정상품: 광천수)

---

3) "香"은 "향기롭다", "맛있다"의 의미가 있다.
4) "山泉"은 "산속의 샘물"을 의미한다.

富力

(지정상품: 화상전화)

富力通

(지정상품: 화상전화)

首信

(지정상품: VCD 플레이어)

首信高科 [5]

(지정상품: VCD 플레이어)

ADAM

(지정상품: 운동화)

adamSport

(지정상품: 신발)

雅妮
YA NI

(지정상품: 화장품)

雅妮本草 [6]
YANIBENCAO

(지정상품: 화장품)

博森

(지정서비스: 학교교육)

(지정서비스: 학교교육)

---

5) "高科"는 "첨단기술"을 의미한다.
6) "本草"는 "약초"를 의미한다.

13. 상표가 타인의 선상표 및 상품의 생산·판매 또는 사용장소를 표시하는 문자로 구성되어, 관련 공중으로 하여금 상품 또는 서비스의 출처를 혼동하게 하기 쉬운 경우, 유사상표로 판정한다.

예_

(지정서비스: 미장원)

(지정서비스: 미장원)

(지정상품: 가구)

(지정상품: 가구)

(지정상품: 의류)

(지정상품: 의류)

华仁

(지정상품:
식용 프로폴리스)

(지정상품: 벌꿀)

---

7) "丽"는 "麗"의 간체자이며, "坊"은 "작업장"의 의미가 있다.
8) "轩"은 "누각", "수레"의 의미가 있다.
9) "屋"은 "집", "방"의 의미가 있다.
10) "華"는 "华"의 번체자이며, "堂"은 건물의 이름에 붙이는 말이다.

(지정상품: 도기 생활용기)

(지정상품: 도기)

(지정서비스: 식당)

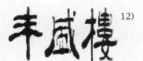

(지정서비스: 식당)

(지정서비스: 인체용 약)

(지정상품: 약용풀, 약차)

(지정서비스: 식당)

(지정서비스: 식당)

---

11) "窯"는 기와나 도자기를 굽는 가마를 의미한다.
12) "樓"는 "다락", "건물", "층" 등의 의미가 있다.
13) "阁"는 "누각", "작은 방" 등의 의미가 있다.
14) "馆"은 "손님이나 여행객에게 숙식을 제공하는 장소"의 의미가 있다.

(지정서비스: 식당)

(지정서비스: 식당)

14. 상표가 타인의 선상표 및 수식작용을 하는 형용사 또는 부사 및 상표에서 식별력이 약한 문자로 구성되고, 표현하는 의미가 기본적으로 동일하여, 관련 공중으로 하여금 상품 또는 서비스의 출처를 혼동하게 하기 쉬운 경우, 유사 상표로 판정한다.

예_

吉澳   新吉澳

百盛   百盛世家 16)

長裕   老長裕

---

15) "生煎"은 중국식 만두 조리법의 일종이다.
16) "世家"는 사마천의 사기(史記)에서 제후들에 대한 전기인데, "명문", "집안"의 의미가 있다.

超力   超力一族 ¹⁷⁾

活 力   活力派 ¹⁸⁾

绅士   绅士风 ¹⁹⁾

(지정상품: 의류)   (지정상품: 의류)

依丝   真 依 絲 ²⁰⁾

美人娇   好美人娇

吉祥鳥   东方吉祥鸟 ²¹⁾

---

17) "一族"는 "일족"이다.
18) "活力派"인데, "派"는 "파벌", "유파"의 의미가 있다.
19) "风"은 "風"의 번체자이다.
20) "絲"는 "丝"의 번체자이다.
21) "鸟"는 "鳥"의 간체자이고, "东方"은 "동쪽", "동양" 등의 의미가 있다.

OSTRICH

("타조"로 번역된다.)

GOLD OSTRICH

("황금타조"로 번역된다.)

DRAGON

("용"으로 번역된다.)

BIGDRAGON

("큰 용"으로 번역된다.)

领袖 *Lingxiu*

金领袖

KING

("국왕"으로 번역된다.)

NEW KING

("신국왕"으로 번역된다.)

그러나 상표의 의미 또는 전체적 차이가 분명하여, 관련 공중으로 하여금 상품 또는 서비스의 출처를 쉽게 혼동하게 하지 않는 경우, 유사상표로 판정하지 않는다.

예_

球　　　　球王

太阳   蓝太阳

云   飞 云 岭

王子   聪明小王子

15. 두 상표 또는 그중 하나가 두 개 또는 두 개 이상의 상대적으로 독립적
인 부분으로 구성되고, 그중 식별력 있는 부분이 유사하여, 관련 공중으로 하여
금 상품 또는 서비스의 출처를 혼동하게 하기 쉬운 경우, 유사상표로 판정한다.

예_

万里长城始于秦   萬里長城 [22]

精彩生活 愛麗斯   愛麗斯

Bor Jiann's
HUNTER   HUNTER

---

22) "만리장성(万里长城)"을 번체자로 표기한 것이다.

ADA

FENICIA

沐林　

그러나 상표가 전체적 의미에서 차이가 분명하여, 관련 공중으로 하여금 상품 또는 서비스의 출처를 쉽게 혼동하게 하지 않는 경우, 유사상표로 판정하지 않는다.

예_

星跃 Xingyue   叱越 Xingyue

QQ眼   e 眼

3D 时代   U9 时代

22世纪   世纪

K宝   M宝

16. 상표에 일정한 지명도가 있는 또는 식별력이 비교적 강한 문자상표가 온전히 포함되어 있어, 관련 공중으로 하여금 시리즈 상표로 오인하여 상품 또는 서비스의 출처를 혼동하게 하기 쉬운 경우, 유사상표로 판정한다.

예_

月圆三千里
(지정서비스: 식당)

三千里
(지정서비스: 식당)

星星梦特娇
(지정상품: 의류)

夢特嬌
(지정상품: 의류)

欧莱雅海皙
(지정상품: 화장품)

欧莱雅
(지정상품: 화장품)

红狮兰龙
(지정상품: 페인트)

红狮
(지정상품: 도료)

凯悦长城
KAIYUECHANGCHENG

(지정상품: 포도주)

長 城

(지정상품: 포도주)

海湾浪琴
HAIWANLANGQIN

(지정상품: 손목시계)

浪 琴

(지정상품: 손목시계)

臻氏哈根达斯

(지정상품: 아이스크림)

哈根達斯

(지정상품: 아이스크림)

(지정상품: 윤활유)

(지정상품: 윤활유)

17. 상표에 한자 및 그 대응하는 병음(중국어 알파벳 발음표기)이 포함되어 있어, 관련 공중으로 하여금 동일한 병음이 단독으로 포함된 상표와 상품 또는 서비스의 출처를 혼동하게 하기 쉬운 경우, 유사상표로 판정한다.

예_

(二) 도형상표의 심사

1. 상표 도형의 구성 및 전체적 외관이 유사하여, 관련 공중으로 하여금 상품 또는 서비스의 출처를 혼동하게 하기 쉬운 경우, 유사상표로 판정한다.

예_

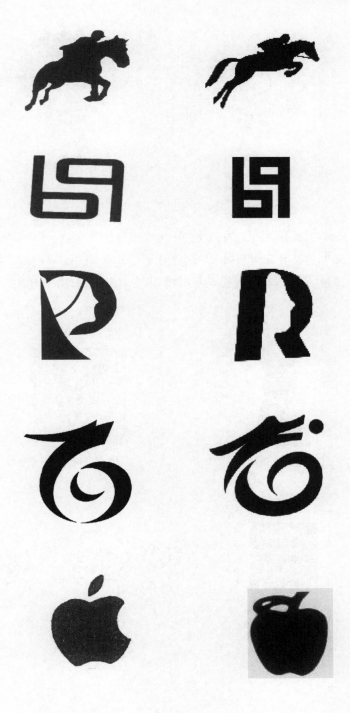

2. 상표에 일정한 지명도가 있는 타인의 도형상표 또는 식별력이 비교적 강한 도형상표가 온전히 포함되어 있어, 관련 공중으로 하여금 시리즈 상표로 오인하여 상품 또는 서비스의 출처를 혼동하게 하기 쉬운 경우, 유사상표로 판정한다.

예_

(지정상품: 의류)

(지정상품: 의류)

(三) 조합상표의 심사

1. 상표의 한자 부분이 동일 또는 유사하여, 관련 공중으로 하여금 상품 또는 서비스의 출처를 혼동하게 하기 쉬운 경우, 유사상표로 판정한다.

예_

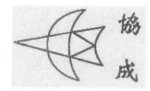

(지정상품: 의료기계 및 계측기)   (지정상품: 의료용 진단설비)

2. 상표의 외국어 · 자모 · 숫자 부분이 동일 또는 유사하여, 관련 공중으로 하여금 상품 또는 서비스의 출처를 혼동하게 하기 쉬운 경우, 유사상표로 판정한다.

예_

"FISHER"는 "어부"로, "SCIENTIFIC"은 "과학의"로 번역된다.

"HERITAGE"는 "유산"으로, "CASHMERE"는 "캐시미어"로 번역된다.

KIKO

3 5 2 0

SKIFF

BRICKPOP

　　그러나 상표의 전체적인 호칭 · 의미 또는 외관이 분명하게 구별되어, 관련 공중으로 하여금 상품 또는 서비스의 출처를 쉽게 혼동하게 하지 않는 경우, 유사상표로 판정하지 않는다.

　　예_

　　3. 상표의 중국어가 기타 다른 언어 문자의 주된 의미와 동일하거나 또는 기본적으로 동일하여, 관련 공중으로 하여금 상품 또는 서비스의 출처를 혼동하

게 하기 쉬운 경우, 유사상표로 판정한다.

예_

("번영(繁荣)"으로 번역된다.)

(HOPE는 "희망(希望)"으로
번역된다.)

BOSS

("사장(老板)"으로 번역된다.)

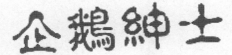

("신사펭귄(紳士企鹅)"으로 번역된다.)

("앵무(鹦鹉)"로 번역된다.)

　그러나 상표의 전체적 구성 · 호칭 또는 외관이 분명하게 구별되어, 관련 공중으로 하여금 상품 또는 서비스의 출처를 쉽게 혼동하게 하지 않는 경우, 유사

상표로 판정하지 않는다.

예_

(WELL & WELL은 "好和好"로 번역된다.)

(HAPPYTREE는 "快乐树、开心树、
幸福树" 등으로 번역된다.)

miss me
蜜思蜜

(miss me는 "나를 그리워하
다(思念我)"로 번역된다.)

(UNIQUE는 "유일(唯一)한, 독특한"으로 번역되며,
"불이(不二)"와 일정한 대응관계가 있다.

4. 상표의 도형부분이 유사하여, 관련 공중으로 하여금 상품 또는 서비스의 출처를 혼동하게 하기 쉬운 경우, 유사상표로 판정한다.

예_

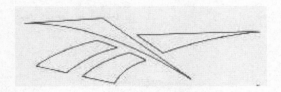

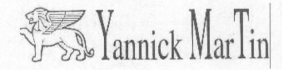

아래와 같이 상표의 도형이 본 상품에 자주 사용되는 도안이거나 또는 주로
장식·배경으로서 기능하여 상표에서의 식별력이 비교적 약하지만, 상표의 전

체적인 의미·호칭 또는 외관의 구별이 분명하여, 관련 공중으로 하여금 상품 또는 서비스의 출처를 쉽게 혼동하게 하지 않는 경우, 유사상표로 판정하지 않는다.

예_

5. 상표의 문자·도형이 다르지만, 배열조합방식 또는 전체적으로 묘사한 사물이 기본적으로 동일해서 상표의 전체적 외관 또는 의미를 유사하게 하여, 관련 공중으로 하여금 상품 또는 서비스의 출처를 혼동하게 하기 쉬운 경우, 유

사상표로 판정한다.

예_

지정상품: 수도꼭지 노즐   지정상품: 수도꼭지

제4부

입체상표의 심사기준

一. 법적 근거

「상표법」제8조 문자·도형·자모(字母)·숫자·3차원표장·색채조합 및 소리 등, 그리고 위 요소의 조합을 포함하여, 자연인·법인 또는 기타 조직의 상품을 타인의 상품과 구별하게 할 수 있는 표장은 어떠한 것이라도 모두 상표등록출원할 수 있다.

「상표법」제12조 3차원표장으로 상표등록출원하는 경우, 단지 상품 자체의 성질로부터 생성된 형상, 기술적 효과를 얻기 위해 필요한 상품의 형상 또는 상품으로 하여금 실질적 가치를 갖게 하기 위한 형상은 등록받을 수 없다.

「상표법실시조례」제13조 ③ 3차원표장으로 상표등록출원하는 경우, 출원서에서 분명하게 밝혀야 하고, 상표의 사용방식을 설명하여야 하며, 3차원 형상을 확정할 수 있는 견본을 제출해야 하고, 제출하는 상표견본은 적어도 3면의 정면도를 포함하여야 한다.

「상표법실시조례」제43조 중국을 지정국으로 하는 출원인이 3차원표장·색채조합표장·소리표장을 상표로 보호받고자 하거나 또는 단체표장·증명표장으로 보호받고자 하는 경우, 그 상표가 국제사무국의 국제등록부에 등록된 날로부터 3개월 내에, 법에 의해 설립된 상표대리기구를 통하여 상표국에 이 조례 제13조가 규정하는 관련 자료를 제출하여야 한다. 위 기간 내에 관련 자료를 제출하지 아니한 경우, 상표국은 그 중국을 지정한 출원을 거절한다.

二. 관련 해석

입체상표는 3차원표장만으로 또는 기타 요소를 포함한 3차원표장으로 구성된 상표를 가리킨다. 입체상표는 상품 자체의 형상, 상품의 포장물 또는 기타 3차원표장일 수 있다.

이 부분은 입체상표 등록출원의 방식심사 및 실체심사를 규정하는데, 그중 방식심사의 내용에는 보통 상표출원의 일반적 형식요건뿐만 아니라, 입체상표 출원의 특수한 형식요건도 포함한다. 실체심사에는 입체상표의 기능성 심사, 입체상표의 식별력 심사, 상표로서의 사용금지 조항 심사[1] 및 입체상표의 동일·유사 심사를 포함한다.

기타 식별력 있는 요소를 포함한 보통 형상의 입체상표가 등록되었다고 하더라도, 보통 형상 자체가 등록되었음을 나타내는 것은 아니다.

三. 입체상표의 방식심사

출원인은 반드시 3차원 형상을 확정할 수 있는 상표의 견본 또는 사진을 제출해야 하는데, 3차원 투시도, 다중 투시도, 입체효과도일 수 있으며, 상표등록 출원서에 "입체상표"임을 기재해야 한다. 필요한 경우, 출원인은 상표설명서에 입체상표 견본에 대하여 문자로 기술할 수 있고, 출원서에 상표 중의 권리를 주장하지 않는 부분에 대하여 상표권의 포기를 성명할 수도 있다. 만약 견본으로 3차원 형상을 체현할 수 없거나 또는 체현한 것이 식별할 수 없는 3차원 형상인 경우, 입체상표로 볼 수 없다.

---

1) 「상표법」 제10조 위반 여부에 대한 심사를 가리킨다.

예_

(지정상품: 의류)

(지정상품: 과자)

四. 입체상표의 실체심사

입체상표의 실체심사에는 입체상표 사용금지 조항 심사, 기능성 심사, 식별력 심사와 동일·유사 심사가 포함된다.

(一) 입체상표 사용금지 조항 심사

입체상표는 상표법의 사용금지 조항의 규정을 위반하여 등록될 수 없으며, 이 기준 제1부의 규정을 적용한다.

예_

(지정상품: 향수)
해골형상으로, 부정적 영향이 있다.

(二) 입체상표의 기능성 심사

3차원표장에 만약 기능성이 있다면, 즉 3차원표장이 단지 상품 자체의 성질로부터 생성된 형상, 기술적 효과를 얻기 위해 필요한 상품의 형상 또는 상품으로 하여금 실질적 가치를 갖게 하기 위한 형상이라면 등록받을 수 없다.

1. 3차원표장이 단지 상품 자체의 성질로부터 생성된 입체형상으로 구성된 경우, 즉 그 입체형상이 상품 고유의 목적과 용도를 실현하는 데 반드시 채용해야 하는 또는 통상적으로 채용하는 입체형상인 경우, 그 3차원표장은 기능성을 갖는 것으로 판정한다.

예_

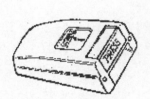

(지정상품: 안전고리)

(지정상품: 자동차 타이어)

(지정상품: 바늘)

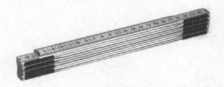

(지정상품: 절첩자)

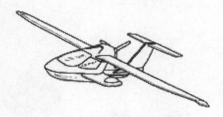

(지정상품: 항공기)

(지정상품: 훌라후프)

(지정상품: 필기도구)

2. 3차원표장이 단지 기술적 효과를 얻기 위해 필요한 상품의 입체형상만으로 구성된 경우, 즉 그 입체형상이 상품으로 하여금 특정한 기능을 갖게 하거나 또는 상품 고유의 기능을 보다 용이하게 실현하게 하기 위해 필수적으로 사용되는 입체형상인 경우, 그 3차원표장은 기능성을 갖는다.

예_

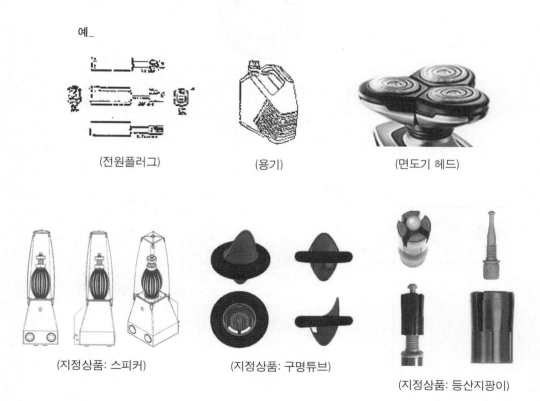

(전원플러그) (용기) (면도기 헤드)

(지정상품: 스피커) (지정상품: 구명튜브)

(지정상품: 등산지팡이)

3. 3차원표장이 단지 상품으로 하여금 실질적 가치를 갖게 하는 입체형상만으로 구성된 경우, 즉 그 입체형상이 상품의 외관 및 조형이 상품의 가치에 영향을 주기 위해 사용되는 입체형상인 경우, 그 3차원표장은 기능성을 갖는다.

예_

(지정상품: 자기병)

(지정상품: 악세사리)

(지정상품: 사탕)

(지정상품: 향수)

(三) 입체상표의 식별력 심사

입체상표의 「상표법」 제11조 규정 위반 여부 심사에는 이 기준 제2부의 규정을 적용한다.

1. 식별력이 없는 입체형상

(1) 기본적인 기하학적 입체형상, 간단하고 일반적인 입체형상은 상품의 출처를 구별하는 기능을 할 수 없으므로, 식별력이 결여된다.

예_

(지정상품: 의복)

그러나 그 기본적인 기하학적 입체형상이 사용을 통해서 식별력을 획득하였음을 증명하는 충분한 증거가 있는 경우는 예외로 한다.

(2) 장식적 입체형상은 상품의 출처를 구별하는 기능을 할 수 없으므로, 식별력이 결여된다.

예_

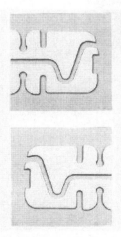

(지정상품: 선글라스)

　　그러나 그 장식적 입체형상이 사용을 통해서 식별력을 획득하였음을 증명하는 충분한 증거가 있는 경우는 예외로 한다.

　2. 상품 자체의 입체형상
　　상품 자체의 입체형상이 업계에서 통용되는 또는 자주 사용되는 상품의 입체형상인 경우, 상품의 출처를 구별하는 기능을 할 수 없으므로 식별력이 결여된다.

예_

(지정상품: 확성기)　　　　(지정상품: 초콜릿)　　　　(지정상품: 사탕)

　　문화재의 외관인 입체형상으로 "용기 · 장신구함" 등 문화재의 형상과 관련된 상품에 상표등록출원하는 경우, 만약 문화재의 외관인 입체형상이 상품 자체의 입체형상을 표시하는 것이라면 그 입체형상은 식별력이 결여된다.
　　그러나 상품 자체의 입체형상이 사용을 통하여 식별력을 획득하였음을 증명하는 충분한 증거가 있는 경우는 예외로 한다.

　3. 상품포장의 입체형상
　　(1) 기본적인 기하학적 입체형상, 간단하고 일반적인 입체형상, 장식적인 입체형상은 상품의 출처를 구별하는 기능을 할 수 없으므로 식별력이 결여된다.

예_

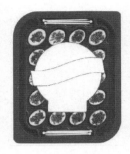

(지정상품: 치즈)

(지정상품: 아동용 깔개)

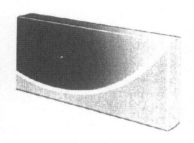

(지정상품: 약품)

그러나 그 기본적인 입체형상, 간단하고 일반적인 입체형상, 장식적인 입체형상이 사용을 통하여 식별력을 획득하였음을 증명하는 충분한 증거가 있는 경우는 예외로 한다.

(2) 업계에서 통용되는 또는 자주 사용되는 포장물의 입체형상은 상품의 출처를 구별하는 기능을 할 수 없으므로 식별력이 결여된다.

예_

(지정상품:
알코올음료)

(지정상품: 과일 잼)

(지정상품: 케이크)

그러나 그 입체형상이 지정상품에 통용되는 또는 자주 사용되는 입체형상
이 아닌 경우는 예외로 한다.

예_

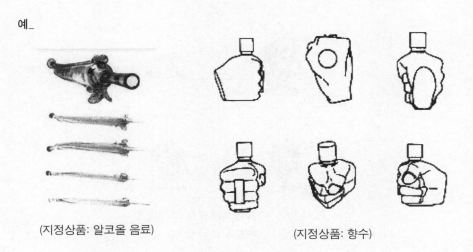

(지정상품: 알코올 음료)   (지정상품: 향수)

또는 업계에서 통용되는 또는 자주 사용되는 포장물의 입체형상이 사용을 통
하여 식별력을 획득하였음을 증명하는 충분한 증거가 있는 경우는 예외로 한다.

4. 3차원표장과 기타 평면요소의 조합
(1) 상표가 식별력이 있는 3차원표장과 식별력이 있는 기타 평면표장의 조
합으로 이루어진 경우, 그 입체상표는 식별력이 있다.

예_

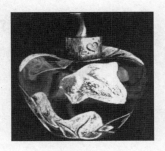

(지정상품: 향수)

(지정상품: 사이다, 탄산음료)

(2) 상표가 식별력이 있는 3차원표장과 식별력이 없는 기타 평면표장의 조합으로 이루어진 경우, 그 입체상표는 식별력이 있다.

예_

(지정상품: 식당) 상표가 만화 3차원표장과
자모 "A"로 구성

(3) 상표가 식별력이 없는 3차원표장과 식별력이 있는 기타 평면표장의 조합으로 이루어진 경우, 그 입체상표는 식별력이 있다. 그러나 그 상표등록 후의 상표권의 보호범위는 식별력이 있는 평면표장 부분에 한정된다. 그리고 출원공고 및 상표등록증에 추가로 표시된다.

예_

(지정상품: 맥주)

(지정상품: 초콜릿)

(지정상품: 담배제품)

5. 식별력이 없는 기타의 경우

출원인이 제출한 상표견본이 출원인의 설명에 의해서도 그 3차원표장의 형상 및 특징을 확정하기 어려운 경우, 식별력이 없는 것으로 판정한다.

예_

(지정상품:
안경 및 안경케이스)

(지정상품: 차량)

3차원표장 자체에 식별력이 있는 경우는 예외로 한다.

예_

(지정상품: 의류)

(지정상품: 식당)

(四) 입체상표의 동일 · 유사 심사

입체상표의 동일 · 유사 심사에는 입체상표 사이의, 그리고 입체상표와 평면상표의 동일 · 유사 심사가 포함된다.

1. 입체상표 사이의 동일 · 유사 심사

(1) 두 입체상표에 모두 식별력 있는 3차원표장이 포함되어 있지만, 3차원표장이 동일 또는 유사하여 관련 공중으로 하여금 상품 또는 서비스의 출처를 오인혼동하게 하기 쉬운 경우, 동일 또는 유사한 상표로 판정한다.

예_

(지정상품: 향수)

(지정상품: 향수)

(2) 두 입체상표에 모두 식별력 있는 평면적 요소가 포함되어 있지만, 그 평면적 요소가 동일 또는 유사하여 관련 공중으로 하여금 상품 또는 서비스의 출처를 오인혼동하게 하기 쉬운 경우, 동일 또는 유사한 상표로 판정한다.

예_

(지정상품: 향수)

(지정상품: 향수)

(3) 두 상표가 모두 식별력이 없는 3차원표장과 식별력이 있는 기타 평면적 요소의 조합으로 이루어져 있고, 양 상표의 식별력이 있는 기타 평면적 요소가 동일 또는 유사하여 관련 공중으로 하여금 상품 또는 서비스의 출처를 오인혼동 하게 하기 쉬운 경우, 동일 또는 유사한 상표로 판정한다.

예_

(지정상품: 초콜릿)   (지정상품: 초콜릿)

그러나 기타 평면적 요소의 구별이 분명하여, 관련 공중으로 하여금 상품 또는 서비스의 출처를 오인하게 하지 않는 경우는 예외로 한다.

예_

(문자: KURG)   (문자: LA GRANDE DAME)

2. 입체상표와 평면상표의 동일·유사 심사

(1) 입체상표가 식별력이 없는 3차원표장과 식별력이 있는 기타 평면적 요소의 조합으로 이루어지고, 그 기타 평면적 요소가 평면상표의 식별력이 있는 부분과 동일 또는 유사하여 관련 공중으로 하여금 상품 또는 서비스의 출처를 오인혼동하게 하기 쉬운 경우, 동일 또는 유사한 상표로 판정한다.

예_

(지정상품: 화장품)

(지정상품: 화장품)

(지정상품: 알코올 음료)

주: 그 문자부분이 선행하는 "GUADET" 상표와 유사하다.

(2) 입체상표가 식별력이 있는 3차원표장과 식별력이 있는 기타 평면적 요소의 조합으로 이루어지고, 그 기타 평면적 요소가 평면상표의 식별력이 있는 부분과 동일 또는 유사하여 관련 공중으로 하여금 상품 또는 서비스의 출처를 오인혼동하게 하기 쉬운 경우, 동일 또는 유사한 상표로 판정한다.

예_

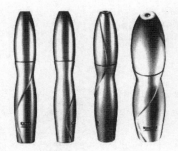

(문자: NIVEA;BEAUTE)
(지정상품: 화장품)

(지정상품: 화장품)

(3) 입체상표 중의 3차원표장에 식별력이 있지만, 시각적 효과에 있어서 평면상표의 식별력이 있는 부분과 동일 또는 유사하여 관련 공중으로 하여금 상품 또는 서비스의 출처를 오인혼동하게 하기 쉬운 경우, 동일 또는 유사한 상표로 판정한다.

예_

(지정상품: 화장품)
형상이 선행하는 "PAJARO" 상표와 유사하다.

(지정상품: 청결제제)

형상이 선행하는 "G" 상표와 유사하다.

(지정상품: 음료)

형상이 선행하는 "幸运球" 상표와 유사하다.

(지정상품: 알코올 음료)

병의 형상이 선행하는 "威诺" 상표와 유사하다.

(지정상품: 과자)

형상이 선행하는 "麦利美嘉" 상표와 유사하다.

 OFFENSIVE

(지정상품: 향수)

주: 그 문자부분은 선행상표인 "OFFENSIVE"와
유사하고, 그 형상은 선행하는 축구공형상
상표와 유사하다.

제5부

색채상표의 심사

一. 법적 근거

「상표법」제8조 문자·도형·자모(字母)·숫자·3차원표장·색채조합 및 소리 등, 그리고 위 요소의 조합을 포함하여, 자연인·법인 또는 기타 조직의 상품을 타인의 상품과 구별하게 할 수 있는 표장은 어떠한 것이라도 모두 상표등록출원할 수 있다.

二. 관련 해석

색채상표는 둘 또는 둘 이상의 색채로 구성된 상표를 가리킨다.

이 부분은 색채상표 등록출원의 방식심사와 실체심사를 규정하는데, 그중 실체심사는 사용금지 조항 심사,[1] 식별력 심사 및 동일·유사 심사를 포함한다.

---

[1] 「상표법」제10조 위반 여부에 대한 심사를 가리킨다.

三. 색채상표의 방식심사

(一) 색채상표로 등록출원하는 경우, 출원인은 출원서에서 분명하게 밝혀야 한다. 분명하게 밝히지 않은 경우, 출원인이 설령 색채견본을 제출했다고 하더라도 색채상표로 심사하지 않는다.

(二) 출원인은 선명한 색채견본을 제출해야 한다. 상표견본은 색채조합방식을 표시하는 색의 덩어리이거나, 또는 색채의 사용위치를 표시하는 도형의 윤곽이어야 한다. 이 도형의 윤곽은 상표의 구성요소가 아니며, 반드시 점선으로 표시해야 하고 실선으로 표시해서는 안 된다.

(三) 출원인은 상표설명서에 색채의 명칭과 번호를 밝혀야 하고, 그 색채상표가 상업활동에서 구체적으로 사용되는 방식을 서술해야 한다.

1. 색의 덩어리로 색채조합방식을 표시하고 상표의 설명을 부가

예_

(지정서비스: 차량용 주유소)

상표의 설명: 이 색채상표는 녹색·무연탄색 및 오렌지색 3가지 색채의 조합으로 구성된다. 그중 녹색(Pantone 368C)이 60%, 무연탄색(Pantone 425C)이 30%, 오렌지색(Pantone 021C)이 10%를 차지하고, 견본과 같이 배열하여 차량용 주유소의 외관에 사용한다.

2. 점선 도형 윤곽으로 색채의 사용위치를 표시하고 상표의 설명을 부가

예_

(지정상품: 덤프트럭, 트랙터)

상표의 설명: 이 색채상표는 녹색과 황색, 2가지 색채의 조합으로 구성된다. 그중 녹색은 Pantone 364C이고, 황색은 Pantone 109C이다. 녹색은 차량몸체에 사용하고, 황색은 차량바퀴에 사용한다. 점선부분은 색채가 이 상품에서 사용되는 위치를 표시한 것으로서, 차량윤곽과 외형은 상표의 구성요소가 아니다.

四. 색채상표의 실체심사

(一) 색채상표의 식별력 심사
단지 지정상품의 천연색채만 있거나, 상품 자체 또는 포장물 및 서비스장소에서 통용되는 또는 자주 사용되는 색채만 있어서, 상품 또는 서비스의 출처를 구별하는 기능을 하기에 부족한 경우, 식별력이 결여된 것으로 판정한다.

예_

(지정상품: 치약)

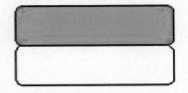

(지정상품: 세탁세제, 세탁편)

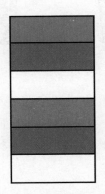

(지정서비스: 헤어관리)

일반적인 경우, 색채상표는 장기간 사용되어야 비로소 식별력을 취득할 수 있으며, 상표국은 심사의견서를 발송하여 출원인으로 하여금 사용의 증거를 제출하고 상표가 사용을 통해서 식별력을 획득하였음을 설명하도록 요구할 수 있다.

(二) 색채상표의 동일·유사 심사

색채상표의 동일·유사 심사는 색채상표 사이의 및 색채상표와 평면상표·입체상표 사이의 동일·유사 심사를 포함한다.

1. 색채상표 사이의 동일 · 유사 심사

두 상표가 모두 색채상표로서, 그 조합된 색채와 배열방식이 동일 또는 유사하여 관련 공중으로 하여금 상품 또는 서비스의 출처를 오인혼동하게 하기 쉬운 경우, 동일 또는 유사한 상표로 판정한다.

예_

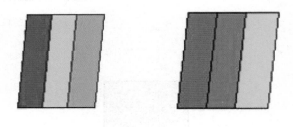

그러나 상표에 사용한 색채가 다르거나, 또는 비록 사용한 색채가 동일 또는 유사하다고 하더라도 배열조합방식이 달라서 관련 공중으로 하여금 상품 또는 서비스의 출처를 오인혼동하게 하지 않는 경우는 예외로 한다.

예_

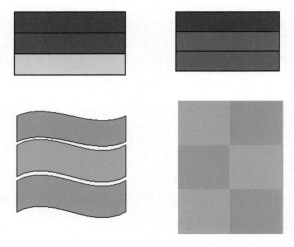

2. 색채상표와 평면상표 · 입체상표의 동일 · 유사 심사

색채상표가 평면상표의 도형 또는 입체상표의 색채와 동일 또는 유사하여, 관련 공중으로 하여금 상품 또는 서비스의 출처를 오인혼동하게 하기 쉬운 경우, 동일 또는 유사한 상표로 판정한다.

예_

비록 사용한 색채가 동일 또는 유사하지만 전체적 효과에서 차이가 커서, 관련 공중으로 하여금 상품 또는 서비스의 출처를 오인혼동하게 하지 않는 경우는 예외로 한다.

예_

제6부

소리상표의 심사

一. 법적 근거

「상표법」제8조 문자·도형·자모(字母)·숫자·3차원표장·색채조합 및 소리 등, 그리고 위 요소의 조합을 포함하여, 자연인·법인 또는 기타 조직의 상품을 타인의 상품과 구별하게 할 수 있는 표장은 어떠한 것이라도 모두 상표등록출원할 수 있다.

「상표법실시조례」제13조 ⑤ 소리표장으로 상표등록출원하는 경우, 출원서에서 분명하게 밝혀야 하고, 요건에 부합하는 소리견본을 제출하여야 하며, 등록출원하는 소리상표에 대하여 기술하고 상표의 사용방식을 설명하여야 한다. 소리상표에 대한 기술은 오선보 또는 약보로써 상표로 출원하는 소리를 표현하고 문자로 부가적인 설명을 하며, 오선보 또는 약보로 표현할 방법이 없는 경우에는 문자로 기술한다. 상표에 대한 기술은 소리견본과 일치하여야 한다.

二. 관련 해석

소리상표는 상품 또는 서비스의 출처를 구별하는 소리 자체로 구성된 상표를 가리킨다. 소리상표는 일단의 악곡과 같은 음악적 소리로 구성될 수도 있고,

자연계의 소리, 사람 또는 동물의 소리와 같은 비음악적 소리로 구성될 수도 있으며, 음악적 및 비음악적 소리로 함께 구성될 수도 있다.

이 부분은 소리상표 등록출원의 방식심사와 실체심사를 규정한다. 소리상표의 실체심사는 사용금지 조항 심사,[1] 식별력 심사 및 동일·유사 심사를 포함한다. 소리상표는 그 등록가능성을 전체적으로 심사한다.

三. 소리상표의 방식심사

(一) 소리상표로 등록출원하는 경우, 출원인은 출원서에서 분명하게 밝혀야 한다.

(二) 소리견본

출원인은 요건에 부합하는 소리견본을 제출해야 한다. 소리견본은 오디오파일에 담아야 한다. 서면방식으로 제출하는 경우, 오디오파일은 읽기전용 디스크에 담아야 한다. 디지털전자문서방식으로 제출하는 경우, 요건에 따라 정확하게 소리견본을 업로딩해야 한다. 소리견본의 오디오파일 형식은 wav 또는 mp3(오디오파일 규격)로, 5MB(데이터용량 단위)보다 작아야 한다. 소리견본은 또렷하고, 쉽게 식별할 수 있어야 한다.

(三) 음악적 소리상표의 기술

음악적 소리상표는 오선보 또는 약보를 써서 표현하고 문자로 부가적인 설명을 해야 한다. 오선보 또는 약보와 문자에 의한 설명은 소리상표의 상표견본이 된다. 오선보 또는 약보는 선명·정확·완정해야 하고, 음자리표·조표·박자표·마디·음표·쉼표·임시표(올림표·내림표·제자리표) 등을 포함할 수 있다.

---

1) 「상표법」 제10조 위반 여부에 대한 심사를 가리킨다.

예_

1.

이 소리상표는 "내림 D장조, 내림 D장조, 내림 G장조, 내림 D장조 및 내림 A
장조"의 5개 음부(音符)로 구성된 음악 및 화음이 연속되는 선율이다.

2.

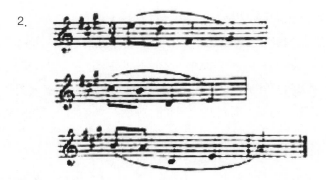

이 소리상표는 일단의 음악으로, 총 13개의 음부(音符)가 E,
D, F#, G#, C#, B, D, E, B, A, C#, E, A의 순서대로 된다.

(四) 비음악적 소리상표의 기술

비음악적 소리상표는 문자로 기술해야 한다. 문자로 기술한 것이 그 소리상표의 상표견본이 된다. 문자로 기술한 것은 선명·정확·완정해야 하고, 쉽게 이해되어야 한다.

예_

1. 이 소리상표는 소가 석판으로 포장된 길을 걷는 소의 발굽 소리와 이에 이어지는 소의 울음소리(clip, clop, moo 소발굽 및 소울음 소리 의성어)로 구성된다.
2. 이 소리상표의 시작은 두 손으로 북 주변을 한 번 두드리는 소리이고, 이어서 점차 커지는 열두 번의 북소리, 뒤따라서 점점 약해지는 전자건반악기의 전동음이며, 마지막으로 골프 클럽 스윙 소리와 종이재단기 소리로 끝을 맺는다.

(五) 음악적 및 비음악적 소리가 함께 있는 소리상표의 기술

음악적 소리와 비음악적 소리가 함께 있는 소리상표는 오선보 또는 약보를 써서 음악적 부분에 대하여 표현하고 문자로 부가적인 설명을 하며, 문자로 비음악적 부분에 대하여 기술해야 한다. 오선보 또는 약보와 문자는 그 소리상표의 상표견본이 된다.

예_

1.

이 소리상표는 중국국제방송국의 방송프로그램 시작곡으로, 전체 길이 40초 총 18마디이며, 4분의 2박자 느린 박자로 G장조와 C장조가 번갈아 전환된다. 앞 4마디는 전체 소리상표의 전주부분으로 G장조이고, 중간 11마디는 전체 소리상표의 주제 부분으로 C장조이며, 그중 제12 및 제13마디에서 아나운서의 "중국국제방송국"이라는 음성이 나온 후 두 마디가 이어지고 주제부분이 끝난다. 마지막 3마디는 첼레스타로 연주하는 주제음악인데, G장조로 다시 전환되며, 이 소리상표가 끝난다.

2.

이 소리상표는 "恒源祥"이라는 음성이 나오는 동시에 8도 음정이 결합되고, 3박의 "라"와 반박의 "솔"로 구성되며, "恒源祥"은 성년 남자 목소리로, "恒", "源", "祥" 세 글자 사이에는 짧은 휴지(休止)가 있고, 말의 속도는 조금 느리고 목소리는 굵으며 남성미가 충만하다. 뒤 세 글자 "羊羊羊"은 어린아이 티가 나는 앳된 목소리로 "羊羊羊"은 빠르고 휴지(休止)가 없으며, 말의 속도가 조금 빠르다.

(六) 상표의 기술과 소리견본

상표의 기술과 소리견본은 서로 일치해야 한다.

(七) 사용방식

출원인은 어떤 방식으로 또는 어떠한 상황에서 소리상표를 사용하는지 설명해야 한다. 예를 들어, 상품을 열거나 닫거나 또는 사용하는 과정에서 사용, 서비스를 개시하거나 종료하거나 또는 제공하는 과정에서 사용, 경영 또는 서비스 장소에서 사용, 회사의 인터넷 사이트에서 사용, 방송·TV·인터넷 또는 호외 등 광고에서 사용 등이다.

四. 소리상표의 실체심사

(一) 소리상표 사용금지 조항 심사

소리상표는 「상표법」 제10조의 사용금지 규정을 위반해서는 안 되며, 이에 대해서는 이 기준 제1부의 규정을 적용한다.

예_

1. 중국 또는 외국의 국가·군가 또는 국제가 등과 선율이 동일 또는 유사한 소리

2. 종교음악 또는 테러폭력 등 부정적 영향이 있는 음악

(二) 소리상표의 식별력 심사

1. 지정상품 또는 서비스의 내용·소비대상·품질·기능·용도 및 기타 특징만을 직접적으로 표시한 소리는 식별력이 없다.

예_

(1) 피아노 연주 소리를 "악기"에 사용

(2) 아이의 웃음소리를 "영아용 분유"에 사용

(3) 개 짖는 소리 또는 고양이 우는 소리를 "애완용 동물 사료"에 사용

(4) 클래식음악을 "음악회 기획 및 조직"에 사용

(5) 병마개 따는 청량한 "뻥" 소리를 "맥주"에 사용

(6) 아동이 "물이 끓어요, 물이 끓어요"라고 부르는 소리를 "전기포트"에 사용

2. 식별력이 없는 기타의 소리

예_

(1) 간단하고 보통인 음조 또는 선율

(2) 완정하거나 매우 긴 하나의 가곡 또는 악곡

(3) 평범한 어조로 광고용어 또는 일반적 단어를 외치는 것

(4) 업계 내에서 통용되는 음악 또는 소리

일반적인 경우에, 소리상표는 장기간 사용되어야 비로소 식별력을 취득할 수 있으며, 상표국은 심사의견서를 발송하여 출원인으로 하여금 사용의 증거를 제출하고 상표가 사용을 통해서 식별력을 획득하였음을 설명하도록 요구할 수 있다.

(三) 소리상표의 동일·유사 심사

소리상표의 동일·유사 심사는 소리상표 사이의 및 소리상표와 가시적 상표 사이의 동일·유사 심사를 포함한다. 원칙적으로, 소리견본의 청취를 위주로 동일·유사 심사를 진행한다.

1. 소리상표 사이의 동일·유사 심사

두 소리상표의 청각적 감지 또는 음악의 전체적 이미지가 동일 또는 유사하여 관련 공중으로 하여금 상품 또는 서비스의 출처를 오인혼동하게 하기 쉽거나, 또는 둘 사이에 특정한 관계가 있는 것으로 생각하게 하기 쉬운 경우, 동일 또는 유사한 상표로 판정한다.

2. 소리상표와 가시적 상표 사이의 동일·유사 심사

소리상표 중의 말소리에 대응하는 문자 또는 기타 요소가 가시적 상표에 포함된 문자 또는 기타 요소의 독음과 동일 또는 유사하여 관련 공중으로 하여금 상품 또는 서비스의 출처를 오인혼동하게 하기 쉽거나, 또는 둘 사이에 특정한 관계가 있는 것으로 생각하게 하기 쉬운 경우, 동일 또는 유사한 상표로 판정한다. 예를 들어, "yahoo" 소리상표와 "yahoo" 문자상표는 유사상표이다.

제7부

단체표장 · 증명표장의 심사

一. 법적 근거

「상표법」제3조 ① 상표국의 심사를 거쳐 등록된 상표가 등록상표이며, 상품상표 · 서비스상표 및 단체표장 · 증명표장을 포괄한다. 상표등록인이 향유하는 상표권은 법률의 보호를 받는다.

② 이 법의 단체표장은, 단체 · 협회 또는 기타 조직의 명의로 등록되어, 그 조직 구성원에게 상사활동에 사용하도록 제공되고, 사용자의 그 조직 구성원으로서의 자격을 표명하는 표장을 가리킨다.

③ 이 법의 증명표장은, 어떤 상품 또는 서비스에 대한 감독능력을 갖춘 조직에 의해 관리되지만, 그 조직 이외의 단위 또는 개인에 의해 그 상품 또는 서비스에 사용되며, 사용함으로써 그 상품 또는 서비스의 원산지 · 원료 · 제조방법 · 품질 또는 기타 특정한 품질을 증명하는 표장을 가리킨다.

④ 단체표장 · 증명표장의 등록 및 관리에 관한 특수사항은 국무원 공상행정관리부문이 규정한다.

「상표법」제16조 ① 상표에 상품의 지리적 표시가 있지만 그 상품이 그 표시하는 지역에서 유래하지 아니하여 공중을 오도하는 경우, 등록해 주지 아니하고 사용을 금지한다. 그러나 이미 선의로 등록받은 경우 계속해서 유효하다.

② 전항의 지리적 표시는, 어떤 상품이 어떤 지역에서 유래하고, 그 상품의 특정 품질·신용 또는 기타 특징이 주로 그 지역의 자연적 요소 또는 인문적 요소에 의해 결정되었음을 표시하는 표장을 가리킨다.

「상표법실시조례」 제4조 ① 상표법 제16조가 규정하는 지리적 표시는, 상표법 및 이 조례의 규정에 따라 증명표장 또는 단체표장으로 등록출원할 수 있다.

국가공상행정관리총국 「단체표장·증명표장의 등록 및 관리 방법」(2003년 6월 1일 시행)

二. 관련 해석

단체표장·증명표장은 「상표법」 제8조가 규정하는 표장으로 구성된다. 이 부분의 三과 四는 각각 단체표장과 증명표장의 출원인 적격, 사용관리규칙의 심사를 규정한다.

지리적 표시를 단체표장·증명표장으로 하는 경우, 그 출원인 적격과 사용관리규칙은 「단체표장·증명표장의 등록 및 관리 방법」이 규정하는 특수조건에 부합해야 하는데, 이 부분의 五는 이러한 유형의 단체표장·증명표장에 대한 심사를 규정한다.

단체표장·증명표장은 「상표법」 제10조 제1항, 제11조, 제30조 및 제31조 규정을 위반해서는 안 되며, 이에 대해서는 제1부, 제2부 및 제3부의 규정을 적용하여 심사한다.

三. 일반적인 단체표장의 심사

(一) 출원인 적격의 심사

1. 출원인은 법에 의해 성립한 그 주체적 자격을 증명하는 서류를 제출해야

한다. 주체적 자격을 증명하는 서류에는 기업의 영업허가증, 사업단위·사회단체가 법에 의해 성립하였다는 인가서류 등이 포함된다.

　　2. 출원인은 자료를 제출하여 그 단체의 조직 구성원의 명칭과 주소를 상세하게 설명해야 한다.

　(二) 단체표장 사용관리규칙의 심사

단체표장의 사용관리규칙에는 아래의 주요 내용이 포함되어야 한다.

1. 단체표장 사용의 취지
2. 그 단체표장을 사용하는 상품의 품질
3. 그 단체표장 사용의 절차
4. 그 단체표장 사용의 권리·의무
5. 그 사용관리규칙을 위반한 구성원의 책임
6. 등록인의 그 단체표장 사용 상품에 대한 관리감독 제도.

四. 일반적인 증명표장의 심사

　(一) 출원인 주체 적격의 심사

　　1. 출원인은 법에 의해 성립한 주체적 자격을 증명하는 서류를 제출해야 한다. 주체적 자격을 증명하는 서류에는 기업의 영업허가증, 사업단위·사회단체가 법에 의해 성립하였다는 인가서류 등이 포함된다.

　　2. 출원인은 그 증명표장이 증명하는 특정 상품의 품질을 감독할 수 있는 능력을 갖추어야 한다. 출원인은 자료를 제출하여 상응하는 전문기술인력 및 전문검측설비를 보유하고 있거나, 또는 그 위탁하는 기구가 전문기술인력·전문검측설비 등을 보유하고 있음을 상세하게 설명해야 한다.

　(二) 증명표장 사용관리규칙의 심사

증명표장의 사용관리규칙은 아래의 주요 내용이 포함되어야 한다.

1. 증명표장 사용의 취지

2. 그 증명표장이 증명하는 상품의 특정 품질

3. 그 증명표장을 사용하기 위한 조건

4. 그 증명표장 사용의 절차

5. 그 증명표장 사용의 권리 · 의무

6. 그 사용관리규칙을 위반한 구성원의 책임

7. 등록인의 그 증명표장 사용 상품에 대한 관리감독 제도.

五. 지리적 표시 단체표장 · 증명표장의 심사

(一) 출원인 적격의 심사

1. 출원인은 법에 의해 성립한 주체적 자격을 증명하는 서류를 제출해야 한다. 주체적 자격을 증명하는 서류에는 기업의 영업허가증, 사업단위 · 사회단체가 법에 의해 성립하였다는 인가서류 등이 포함된다.

2. 출원인은 그 지리적 표시가 표시하는 지역의 인민정부 또는 업계 주관부문이 그 지리적 표시의 출원에 동의하였음을 나타내는 허가서류를 제출해야 한다. 허가서류는 현급(縣級) 이상의 인민정부 또는 그 바로 위의 업계 주관부문이 발급한 것이어야 하고, 서류 중에 출원인이 지리적 표시를 관리감독할 수 있는 능력을 갖추고 있음이 설명되어야 한다.

3. 출원인이 그 지리적 표시 상품의 특정 품질에 대하여 검측할 수 있는 능력을 갖춘 경우, 출원인이 구비한 자격증서, 또는 현급 이상 인민정부 또는 그 바로 위 업계 주관부문이 발급한 그 검측능력이 있음을 보이는 서류, 및 출원인이 보유한 전문검측설비 목록과 전문기술인력의 명단 · 증서를 제출해야 한다.

출원인이 타인에게 검측을 위탁하는 경우, 출원인과 검측자격을 갖춘 기구가 체결한 검측위탁계약서 및 위탁받은 기구의 자격증서와 법인증서를 제출해야 한다.

4. 지리적 표시 단체표장을 출원하는 단체 · 협회 또는 기타 조직은, 그 지리적 표시가 표시하는 지역적 범위 내의 구성원으로 구성되어야 한다.

외국인 또는 외국 기업이 지리적 표시 단체표장 · 증명표장을 출원하는 경우, 출원인은 지리적 표시가 그 명의로 원래의 소속 국가에서 법률적 보호를 받고 있음을 증명해야 한다.

(二) 사용관리규칙의 심사

지리적 표시 단체표장·증명표장의 사용관리규칙에 대한 심사는, 이 부분 三·四의 상응하는 규정 이외에도, 그 지리적 표시 사용상품의 특정 품질·신용 또는 기타 특징, 그리고 그 생산지역 범위 등에 대하여도 심사해야 한다.

1. 사용상품의 특정 품질 심사

지리적 표시 단체표장·증명표장을 사용하는 상품은 특정한 품질·신용 또는 기타 특징을 갖추어야 한다.

예_

지정상품: 배(香梨)

(쿠얼러[1]배는 껍질이 얇고 과육은 연하며 핵은 작다. 채취 시에 표피는 황록색이지만 조금 지나면 황금색으로 변하면서 독특한 향기를 낸다. 당분 함량은 10.4% 이상이고, 비타민 C는 100g당 4.4mg 정도이며, 먹을 수 있는 부분이 약 83.6%이다.)

---

1) 쿠얼러(庫尔勒)는 신짱(新疆) 빠인궈렁(巴音郭楞) 몽고자치주(蒙古自治州)에 위치한 도시이다.

지정상품: 대파

(짱추2)대파는 1.5m까지 자라며, 총백(葱白)의 길이는 0.5m에서 0.6m이고, 줄기는 3cm 내지 5cm이며, 무게는 1kg이 넘어 "파왕"으로 불린다. 짱추대파는 매운맛이 적고, 향기롭고 윤기가 나며, 총백은 크고 연하고, 오래 보관하여도 변질이 되지 않으며, 씹으면 부드러워지고, 즙이 많고 단맛이 난다.

지리적 표시 단체표장 · 증명표장의 사용상품이 특정한 품질 · 신용 또는 기타 독특한 특징을 갖추지 않은 경우, 「상표법」 제16조 제2항 규정을 적용하여 거절한다.

2. 지리적 표시 단체표장 · 증명표장 사용상품의 특정 품질 · 신용 또는 기타 특징과 그 지리적 표시가 표시하는 지역의 자연적 요소 또는 인문적 요소와의 관계 심사

지리적 표시 단체표장 · 증명표장 사용상품의 특정 품질 · 신용 또는 기타 특징은 주로 그 지리적 표시가 표시하는 지역의 자연적 요소 또는 인문적 요소에 의하여 결정되어야 한다.

---

2) 짱추(章丘)는 샨둥성(山东省) 지난시(济南市)에 위치한 시직할 구(区)이다.

(1) 주로 당 지역의 자연적 조건에 의하여 결정되는 경우

예_

지정상품: 포도

(신짱(新疆) 투루판(吐鲁番) 지역의 독특한 물과 땅, 태양 빛 등 자연자원이 "투루판 포도"
로 하여금 껍질은 얇고 과육은 연하며, 당 성분은 높고 산 성분은 낮게, 그리고 높은 출
간율(出干率) 등 독특한 품질을 갖게 하였다.)

지정상품: 찻잎

(안씨티에꽌인(安溪铁观音)3)은 반 발효차에 속하며, 푸젠성(福建省) 안씨현(安溪县)에서
생산되는데, 생산지역은 아열대 해양성 계절풍 기후에 위치하고, 여러 산으로 둘러싸여
토층은 두텁고 유기질 함량이 높다. 생산지역의 토양·해발·적산온도·강수·온도에
독특한 초기 가공기법이 더하여 "안씨티에꽌인"으로 하여금 외형은 건실하고 검푸른
윤이 나며, 우려낸 후엔 향기가 짙고 오래가며, 찻물은 금황색으로 빛나고, 맛이 깔끔하
고 진하며 달고도 상쾌한 독특한 품질을 갖게 한다.)

---

3) 우리나라에도 안계 철관음차로 알려져 있다.

(2) 자연적 요소와 인문적 요소에 의하여 결정되는 경우

예_

绍兴黄酒 지정상품: 황주(黃酒)

(샤오싱 황주의 특정 품질은 감호(鑒湖)의 물과 독특한 생산가공기법에 의해 결정된다. 생산지는 4계절이 분명하고, 빗물이 충분하며, 술을 빚는 데 필요한 미생물의 생장에 적합하다. 감호(鑒湖)의 물은 수질이 깨끗하고, 미량원소와 광물질을 풍부하게 함유하고 있다. 샤오싱 황주는 새하얀 찹쌀을 원료로 하고 감호의 물을 더하여 빚는데, 광택은 등황색으로 맑고 투명하며, 맛은 깔끔하고 진하고 부드러우며, 상쾌한 품질을 형성한다.)

(3) 주로 인문적 요소에 의하여 결정되는 경우

예_

南京雲錦 지정상품: 직물, 장식 직조물

(남경 윈진(云锦)[4]은 명나라 초기 남경 비단 직조 기술자가 발명한 공예기법으로, 이미 1500여 년의 수공 직조 역사를 갖고 있다. 그 "목기장화(木机妆花)" 기법은 중국의 비단 직조 역사에서 유일하게 현재까지 전해지고 있으며, 기계로 대체되지 않고, 오직 사람에 의해 말로 전하고 마음으로 깨닫는 직조 기법이다.

---

4) 우리나라에도 남경 운금으로 알려져 있다.

3. 생산지역 범위의 심사

지리적 표시가 표시하는 생산지역의 범위는 현지(县志)[5]·농업지(农业志)·산품지(产品志)·연감·교과서 중에 표현된 지역적 범위일 수도 있고, 지리적 표시가 표시하는 지역의 현급 이상 인민정부 또는 그 바로 위의 업계 주관부문이 발급한 지역범위 증명서류로 확정할 수도 있다. 지리적 표시가 표시하는 지역적 범위가 하나의 시(市)·현(县) 내부인 경우, 그 시·현의 인민정부 또는 업계 주관부문이 증명서류를 발급한다. 지역적 범위가 같은 성(省)의 둘 이상의 시(市)·현(县) 범위인 경우, 그 시·현의 공통적인 바로 위 인민정부 또는 업계주관부문이 증명서류를 발급한다. 성(省)을 벗어나는 경우 중앙인민정부 농업주관부문 또는 상응하는 성(省)의 인민정부가 협의하여 해결한다.

그 지역적 범위는 소재지역의 현행 행정구역 명칭·범위와 일치하지 않을 수도 있다.

생산지역범위는 아래 방식 중 하나 또는 조합으로 획정할 수 있다.

(1) 행정구역

(2) 경위도

(3) 자연환경 중의 산·하천 등 지리적 특징으로 한정

(4) 지도 표시

(5) 생산지역범위를 명확하게 확정할 수 있는 기타 방식.

---

5) 현(县)의 역사·지리·풍속·인물·문화·교육·산물 등을 기록한 지방지(네이버 중국어 사전).

제8부

특수표장의 심사

一. 법적 근거

국무원 「특수표장 관리조례」 (1996년 7월 13일 시행)

二. 관련 해석

특수표장은 국무원의 허가를 거쳐 개최되는 전국적 또는 국제적 문화 · 체육 · 과학연구 및 기타 사회공익 활동에 사용되는, 문자 · 도형으로 구성되는 명칭 및 줄임표기 · 휘장 · 마스코트 등의 표장을 가리킨다.

특수표장의 유효기간은 4년으로, 등록결정일로부터 계산한다. 특수표장의 소유자는 유효기간이 만료되기 전 3개월 내에 연장신청을 할 수 있으며, 일반적으로는 1회만 연장할 수 있다. 유효기간이 만료되는 때에 특수표장이 식별력을 갖춘 경우, 상표등록출원을 함으로써 보호받을 수 있다(아시아유럽박람회 특수표장 사건).

특수표장은 「특수표장 관리조례」의 규정에 근거하여 방식심사 · 실체심사를 거쳐 등록되는데, 그중 실체심사는 법률 · 행정법규가 금지하는 내용을 포함하고 있는지 또는 식별력이 결여되어 있는지에 대한 심사가 포함되며, 「상표법」

제30조 및 제31조의 심사는 포함되지 않는다. 이미 등록받은 특수표장이 타인의 선상표권·특허권 또는 저작권을 침해하는 경우, 단위 또는 개인은 누구라도 국무원 공상행정관리부문에 특수표장 등록의 무효선고를 청구할 수 있다.

三. 심사의 내용

(一) 특수표장의 방식심사
특수표장의 출원인은 반드시 아래의 서류를 제출해야 한다.
1. 국무원이 그 사회공익활동의 개최를 허가한 문서
2. 타인의 특수표장 사용을 허락하는 요건 및 관리방법
3. 특수표장 견본 5부
4. 타인이 대리하도록 위임한 경우, 위임장 첨부.

(二) 특수표장의 실체심사
아래의 내용을 포함하는 문자·도형으로 구성되는 특수표장은 등록받을 수 없다.
1. 국가 또는 국제기구의 존엄 또는 이미지를 해하는 것
2. 사회의 선량한 풍속 및 공공질서를 해하는 것
3. 민족 차별성을 띠고 있어, 민족의 단결에 이롭지 않은 것
4. 식별력이 결여되어 식별이 쉽지 않은 것
5. 법률·행정법규가 금지하는 기타 내용.

四. 특수표장의 등록 무효선고 청구 절차

이미 등록결정된 특수표장에 아래 중 하나의 사유가 있는 경우, 단위 또는 개인은 누구라도 특수표장의 등록공고일로부터 그 유효기간의 만료일 전에 이유를 밝히고 상응하는 증거를 제출하면서 국무원 공상행정관리부문에 특수표장

의 등록무효선고를 청구할 수 있다.

    1. 선출원 특수표장과 동일 또는 유사한 경우

    2. 선등록출원 상표 또는 선등록 상표와 동일 또는 유사한 경우

    3. 선출원 디자인특허 또는 법에 의해 특허권을 받은 디자인특허와 동일 또는 유사한 경우

    4. 타인의 선저작권을 침해하는 경우.

제9부

상표대리기구 상표등록출원의 심사

一. 법적 근거

「상표법」제19조 ④ 상표대리기구는 그 대리서비스업에 대한 상표등록출원 이외에, 기타 상표를 등록출원해서는 아니 된다.

「상표법실시조례」제87조 상표대리기구가 그 대리하는 서비스 이외의 기타 상표를 등록출원 또는 이전받는 경우, 상표국은 수리하지 아니한다.

二. 관련 해석

「상표법」의 상표대리기구는 상표국에 등록된 상표대리업무에 종사하는 서비스기구 및 상표대리업무에 종사하는 변호사사무소를 가리킨다.

三. 상표대리기구 상표등록출원의 심사

상표대리기구가 그 대리하는 서비스 이외의 상표 또는 서비스를 등록출원한 경우, 상표 방식심사에서 수리하지 아니한다. 이미 수리한 경우 실체심사에서 거절한다. 대리하는 서비스 항목에 대해서는 보통의 상표출원에 따라 심사한다.

현재, 상표대리기구의 대리서비스는 잠정적으로 「유사 상품 및 서비스 분류표(니스분류 제10판 기초)」 중의 4506 서비스 항목을 기준으로 한다.

제10부

상표법 제50조 적용에 관한 규정

一. 법적 근거

「상표법」제50조 등록상표가 취소되었거나, 무효로 선고되었거나 또는 기간 내에 갱신등록되지 아니한 경우, 취소·무효선고 또는 말소된 날로부터 1년 내에, 상표국은 그 상표와 동일 또는 유사한 상표의 상표등록출원에 대해서 등록결정하지 아니한다.

二. 관련 해석

제50조의 입법목적은 다음과 같다. 등록상표가 취소·무효로 되었거나 또는 기간 내에 갱신등록되지 않은 경우, 만약 일정한 시간적 간격을 두지 않고 동일 또는 유사한 새로운 상표가 등록된다면, 취소·무효로 되었거나 또는 기간 내에 갱신등록되지 않은 원래 등록인의 상표를 부착한 상품 또는 서비스가 시장에서 아직 사라지지 않았는데, 새로운 상표등록인의 상품 또는 서비스가 벌써 시장에 출시되어, 시장에는 두 기업이 생산하는 동일 또는 유사한 상표를 부착한 상품이 출현해서 소비자의 혼동을 초래하는 상황이 발생할 수 있다. 이러한 상황이 발생하는 것을 방지하기 위하여, 제50조를 적용하는 것이 필요하다.

정당한 이유 없이 연속해서 3년 동안 사용하지 않아서 취소된 등록상표는 특수성이 있는데, 원래의 등록인이 연속해서 3년 동안 그 등록상표를 사용하지 않았으므로, 시장에도 그 등록상표를 부착한 상품 또는 서비스가 없게 되어, 이미 제50조의 "1년의 시간적 간격"이라는 입법목적을 충족시키며, 따라서 취소에 대한 복심청구 기간이 도과하기를 기다려서 원래의 등록인이 등록취소에 대한 복심을 청구하지 않았다면 이를 적용하지 않아도 된다.

三.「상표법」제50조의 적용

심사결정을 내릴 때에, 동일 또는 유사한 선등록상표가 취소(연속 3년 불사용으로 취소된 경우 제외)·무효로 되었거나 또는 기간 내에 갱신등록되지 않았고, 취소가 공고된 날로부터, 무효에 대한 복심청구 기간이 도과된 후 또는 상표권이 만료된 날로부터 1년이 안 된 경우, 제50조를 적용한다.

동일 또는 유사한 선등록상표가 연속 3년 불사용으로 취소된 경우에는 제50조를 적용하지 않는데, 취소에 대한 복심청구 기간이 도과할 때까지 원래의 등록인이 등록취소에 대한 복심을 청구하지 않았다면 이를 적용하지 않는다.

원래의 등록인이 그 상표를 다시 등록출원하는 경우, 상표법 제50조 규정을 적용하지 않는다.

제11부

심사의견서의 적용

一. 법적 근거

> 「상표법」제29조 심사과정에서 상표국이 상표등록출원의 내용에 설명 또는 수정이 필요하다고 보는 경우, 출원인에게 설명하거나 수정하도록 요구할 수 있다. 출원인이 설명 또는 수정하지 아니하는 경우, 상표국의 심사결정에 영향이 없다.
>
> 「상표법실시조례」제23조 상표법 제29조 규정에 따라서, 상표국이 상표등록출원의 내용에 대해서 설명 또는 수정이 필요하다고 보는 경우, 출원인은 상표국의 통지를 받은 날로부터 15일 내에 설명 또는 수정하여야 한다.

二. 관련 해석

심사의견서는 상표국이 판단하기에 상표등록출원이 「상표법」의 관련 규정에는 어긋나지만 예외규정을 적용할 수 있는 가능성이 있는 등의 경우에, 출원인에게 법정기간 내에 상표등록출원에 대해서 설명 또는 수정하여 예외규정에 부합한다는 등의 증거자료를 제출하도록 요구하는 절차이다.

三. 심사의견서의 적용

(一) 적용범위

1. 「상표법」 제10조 제1항 제2호 내지 제4호 및 제2항의 단서 규정에 부합할 수 있는 가능성이 있어, 출원인의 설명을 거쳐 출원공고결정할 수 있는 경우

2. 신문·잡지·정기간행물·소식지 등 특수상품에 국가명칭 및 현급(县级) 이상의 행정구역명을 포함해서 등록출원하여, 출원인이 '정기간행물 출판허가증'과 같은 관련 증거자료를 제출할 필요가 있는 경우

3. 「상표법」 제11조 제2항 규정에 부합할 수 있는 가능성이 있어, 출원인의 설명을 거쳐 출원공고결정할 수 있는 경우;
등록출원한 상표가 색채상표 또는 소리상표로서 출원서류로는 그 식별력이 있음을 확인할 수 없지만, 출원인이 사용의 증거를 다시 보충하여 그것을 장기간 사용함에 의해서 식별력을 획득하였음을 설명하면 출원공고결정할 수 있는 경우;
상표등록출원에 식별력 없는 부분이 포함되어 있어 출원공고결정할 수 없지만, 출원인이 수정하면 출원공고결정할 수 있는 경우

4. 심사의견서를 발송할 필요가 확실히 있는 기타의 경우.

(二) 사용제한
심사의견서는 출원 건을 단위로 사용하며, 1회에 한한다.

四. 심사의견서 설명·수정 의견의 심사

(一) 설명·수정 의견의 방식심사
심사의견서에 대해서 설명·수정 의견을 제출하는 자는 상표등록출원인 또

는 그 대리인이어야 한다.

상표등록출원인 또는 그 대리인이 심사의견서를 받은 날로부터 15일 내에
설명·수정 의견을 제출해야 기간 내에 제출한 것이 된다.

(二) 설명·수정 의견의 실체심사

출원인이「상표법」제10조 제1항 제2호 내지 제4호 및 제2항 단서 규정에
부합함을 설명하는 경우, 그 설명·수정 의견의 심사에는 이 기준 제1부 三, 四,
五 및 十의 관련 규정을 적용한다. 외국정부, 정부 간 국제기구, 기타 정부기구
가 등록에 동의하였거나 또는 등록의 권한을 주었고, 그 상표가 외국에서 이미
등록되었다는 증명서류를 출원인이 제출하는 경우, 원본 또는 권한을 수여한 자
가 서명 또는 날인한 사본을 제출해야 하며, 그 관련 단서 조항을 적용함에는 증
명서류에 명시된 범위에 한하고, 상표·상품 또는 서비스의 범위를 확대해석해
서는 안 된다.

출원인이 그 상표등록출원이「상표법」제11조 제2항 규정에 부합함을 설명
하는 경우, 그 설명·수정 의견의 심사에는 이 기준 제2부 七의 관련 규정을 적
용한다.

출원인이 색채상표의 사용증거를 보충하여 장기간 사용으로 식별력을 획득
하였음을 설명하는 경우, 그 설명·수정 의견의 심사에는 이 기준 제5부 四의 관
련 규정을 적용한다.

출원인이 소리상표의 사용증거를 보충하여 장기간 사용으로 식별력을 획득
하였음을 설명하는 경우, 그 설명·수정 의견의 심사에는 이 기준 제6부 四의 관
련 규정을 적용한다.

출원인이 그 상표등록출원을 수정하는 경우, 상표의 식별력 없는 부분에 대
한 상표권을 포기한다고 밝힐 수 있지만, 상표에 대해서 보정할 수는 없다.

하편

상표심리기준

一. 타인 유명상표의 복제·모방 또는 번역 심리기준

「상표법」제13조 ① 관련 공중에게 익숙하게 알려진 상표의 소유자가 그 권리가 침해받고 있다고 여기는 때에는, 이 법 규정에 의하여 유명상표로의 보호를 청구할 수 있다.

② 동일 또는 유사한 상품에 대하여 등록출원한 상표가 타인이 중국에서 아직 등록받지 아니한 유명상표를 복제·모방 또는 번역한 것이어서 혼동을 일으키기 쉬운 경우, 등록해 주지 아니하고 사용을 금지한다.

③ 동일하지 아니하고 유사하지 아니한 상품에 대해서 등록출원한 상표가 타인이 중국에서 이미 등록받은 유명상표를 복제·모방 또는 번역한 것이어서 공중을 오도하고 그 유명상표 등록인의 이익에 손해를 입힐 수 있는 경우, 등록해 주지 아니하고 사용을 금지한다.

「상표법」제14조 ① 유명상표는 당사자의 청구에 근거하여 관련 상표사건의 처리에 필요한 사실로서 인정하여야 한다. 유명상표의 인정에는 다음 각 호의 요소를 고려하여야 한다.

  1. 관련 공중이 그 상표에 대해 알고 있는 정도

  2. 그 상표사용의 지속시간

  3. 그 상표의 모든 광고 지속시간·정도 및 지리적 범위

  4. 그 상표가 유명상표로 보호받은 기록

  5. 그 상표의 유명에 관한 기타 요소

② 상표등록의 심사, 공상행정관리부문의 상표위법사건 처리 과정에서, 당사자가 이 법 제13조 규정에 의해 권리를 주장하는 경우, 상표국은 심사·처리 사건의 필요에 근거하여, 유명상표인지에 대해서 인정할 수 있다.

③ 상표분쟁 처리 과정에서, 당사자가 이 법 제13조 규정에 의해 권리를 주장하는 경우, 상표평심위원회는 처리하는 사건의 필요에 근거하여, 유명상표인지에 대해서 인정할 수 있다.

④ 상표 민사·행정사건의 심리 과정에서, 당사자가 이 법 제13조 규정에 의해 권리를 주장하는 경우, 최고인민법원이 지정하는 인민법원은 심리사건의 필요에 근거하여, 유명상표인지에 대해서 인정할 수 있다.

⑤ 생산·경영자는 "유명상표" 문구를 상품·상품표장 또는 용기에 사용하거나, 또는 광고선전·전람 및 기타 상업활동에 사용해서는 아니 된다.

「상표법」 제45조 ① 이미 등록된 상표가 이 법 제13조 제2항 및 제3항, 제15조, 제16조 제1항, 제30조, 제31조, 제32조 규정을 위반한 경우, 상표등록일로부터 5년 이내에, 선권리자 또는 이해관계인은 상표평심위원회에 그 등록상표의 무효선고를 청구할 수 있다. 악의로 등록받은 경우, 유명상표의 소유자는 5년의 시간적 제한을 받지 아니한다.

「상표법실시조례」 제3조 상표보유자가 상표법 제13조 규정에 따라 유명상표로의 보호를 청구하는 경우, 그 상표가 유명상표에 해당한다는 증거자료를 제출하여야 한다. 상표국·상표평심위원회는 상표법 제14조 규정에 따라 사건의 심사·처리 수요 및 당사자가 제출한 증거자료에 근거하여, 그 상표가 유명한지에 대해서 인정하여야 한다.

1. 서 론

위의 규정은 유명상표에 대한 보호를 구체화한 것인데, 즉 유명상표 소유자의 이익을 보호하고 공평한 경쟁 및 소비자의 권익을 수호하는 것에서 출발하여, 유명상표의 지명도와 신용을 이용하여 시장을 혼란하게 하고 공중을 오인하게 하며 유명상표 소유자의 이익에 손해를 입힐 수 있는 상표등록행위를 금지함으로써, 등록주의를 엄격하게 실행함으로 인해 불공정한 결과가 발생할 수 있는 부족함을 보충하는 것이다.

상표이의·부등록복심[1] 또는 무효사건의 심리과정에서, 타인 유명상표의

---

[1] 출원공고된 상표에 대해서 이의신청이 있는 경우에는 상표국이 출원공고 기간의 만료일로부터 12개월 내에 상표등록 여부를 결정하도록 하고 있는데(「상표법」 제35조 제1항), 상표국이 부등록결정하고 피이의신청인이 이에 불복하는 경우에는 상표평심위원회에 복심을

복제·모방 또는 번역 문제와 관련되어 소유자가 그 권리가 침해받고 있다고 여기는 경우, 이 기준을 원칙으로 하여 각 사건별로 판정한다.

2. 유명상표 인정의 원칙

2.1. 사건별 인정   우선 반드시 구체적인 상표사건에서 분쟁상표가 관련 공중에게 이미 익숙하게 알려진 상표의 복제·모방·번역에 해당하고, 혼동을 일으키거나 공중을 오도하기 쉬워 그 유명상표 소유자의 이익에 손해를 입힐 수 있다고 할 때에야 비로소 당사자는 유명상표로의 인정 문제를 제기할 수 있다. 다음으로, 유명상표인지에 대해서 인정이 필요한 사건에서, 유명상표의 인정결과는 단지 본 사건에만 유효하다. 일찍이 유명상표로 인정된 경우, 본 사건에서는 유명상표로 보호받은 기록으로서 고려될 수 있다.

2.2. 피동보호   상표국·상표평심위원회는 구체적인 상표사건에서 당사자의 청구에 응하여 그 상표가 유명한지에 대해서 인정하고, 사실인정의 기초 위에서 결정 또는 재정한다. 당사자가 유명상표로의 보호를 주장하지 않은 경우에는 상표국·상표평심위원회가 주동적으로 인정하지 않는다.

2.3. 필요에 따른 인정   분쟁상표와 타인의 상표가 비교적 잘 구별되거나, 또는 분쟁상표의 지정상품/서비스와 타인상표의 지정상품/서비스가 비교적 크게 차이가 나서, 분쟁상표의 등록출원이 혼동을 일으키거나 공중을 오도하는 것도 아니고 유명상표 소유자의 이익에 손해를 입히지도 않는 경우, 상표국·상표평심위원회는 타인의 상표가 유명한지에 대해서 인정할 필요가 없다.

청구할 수 있다(「상표법」 제35조 제3항). '부등록복심'은 이의신청 사건에 대한 상표국의 부등록결정에 불복하여 피이의신청인이 상표평심위원회에 청구한 복심사건을 가리킨다.

3. 적용요건

3.1. 「상표법」 제13조 제2항 규정을 적용하기 위해서는 아래 요건에 부합해야 한다.

(1) 타인의 상표가 분쟁상표의 출원일 전에 이미 유명하였지만, 중국에서 등록받지 않았을 것

(2) 분쟁상표가 타인의 유명상표를 복제·모방 또는 번역한 것일 것

(3) 분쟁상표가 사용되는 상품/서비스가 타인의 유명상표가 사용되는 상품/서비스와 동일 또는 유사할 것

(4) 분쟁상표가 등록 또는 사용되면 혼동을 일으키기 쉬울 것.

3.2. 「상표법」 제13조 제3항 규정을 적용하기 위해서는 아래 요건에 부합해야 한다.

(1) 타인의 상표가 분쟁상표의 출원일 전에 이미 유명하였고, 중국에서 이미 등록받았을 것

(2) 분쟁상표가 타인의 유명상표를 복제·모방 또는 번역한 것일 것

(3) 분쟁상표가 사용되는 상품/서비스가 타인의 유명상표가 사용되는 상품/서비스와 동일하지 아니하거나 또는 유사하지 아니할 것

(4) 분쟁상표가 등록 또는 사용되면 공중을 오도하여 그 유명상표 등록인의 이익에 손해를 입힐 수 있을 것.

4. 유명상표의 판정

4.1. 유명상표는 중국에서 관련 공중에게 익숙하게 알려진 상표를 가리킨다.

관련 공중은 아래의 예를 포괄하지만 이에 한정되지는 않는다.

(1) 상표가 부착되는 상품의 생산자 또는 서비스의 제공자

(2) 상표가 부착되는 상품/서비스의 소비자

(3) 상표가 부착되는 상품/서비스의 유통경로에서 관계되는 경영자 또는 관련자 등.

4.2. 유명상표 해당여부를 인정함에는 개별 사건의 상황을 보아 아래 각 요소를 종합적으로 고려해야 한다.
(1) 관련 공중이 그 상표에 대해 알고 있는 정도
(2) 그 상표사용의 지속시간
(3) 그 상표에 대한 모든 광고의 지속시간 · 정도 및 지리적 범위
(4) 그 상표가 유명상표로 보호받은 기록
(5) 그 상표의 유명에 관한 기타 요소.

4.3. 유명상표로 인정함에는 아래의 증거에 근거하여 종합적으로 판정할 수 있다.
(1) 그 상표가 사용된 상품/서비스의 계약서 · 영수증 · 인수증 · 은행입금표 · 수출입증명서 등
(2) 그 상표가 사용된 상품/서비스의 판매지역범위, 판매망 분포 및 판매경로 · 방식 등 관련 자료
(3) 그 상표의 방송 · 영화 · 텔레비전 · 신문 · 정기간행물 · 인터넷 · 옥외 등 매체광고, 매체평론 및 기타 선전활동 자료
(4) 그 상표가 사용된 상품/서비스가 출품된 전람회 · 박람회 관련 자료
(5) 그 상표의 최초 사용시기 및 사용 지속 상황 관련 자료
(6) 그 상표의 중국 및 기타 국가 · 지역에서의 등록 증명
(7) 그 상표가 유명상표로 인정되어 보호받았다는 관련 법률문건 및 그 상표의 피침해 또는 위조 상황
(8) 자격 있는 회계사무소가 발급한, 공신력을 갖춘 권위 있는 기관이 공포한 그 상표가 사용된 상품/서비스의 판매액, 이윤 · 세금액, 생산액의 통계 및 시장점유율, 광고액 통계 등
(9) 그 상표가 사용된 상품/서비스의 전국 동종 업계에서의 순위 또는 시장점유율. 국가 업계주관부문의 증명, 국가 업계주관부문이 공개한 데이터, 민정

부(民政部)[2]에 등록된 전국적 업계협회가 공개 또는 부분 공개한 데이터 및 발급한 증명서, 권위 있는 평가기관의 평가 등 업계의 순위 또는 시장 점유율을 증명할 수 있는 자료는 모두 증거로 할 수 있다.

(10) 그 상표가 사용된 상품 또는 서비스가 국가 발명특허를 획득한 상황 및 출원인의 자주적 혁신과 관련된 기타 상황

(11) 그 상표가 사용된 상품 또는 서비스 기술의 국가표준·업계표준 채택 여부

(12) 그 상표의 수상(受賞) 현황

(13) 기타 그 상표의 지명도를 증명할 수 있는 자료.

4.4. 그 상표가 사용된 상품/서비스의 판매·경영현황은 판매계약서·영수증 등 유효한 증거로 뒷받침되어야 한다.

청구인의 경제지표를 증명하는 기업연도보고서 또는 상장기업의 상장연도보고서는 원본을 제출하거나 또는 공증을 받은 사본을 제출해야 한다. 납세액은 세무기관이 증명한 원본 또는 공증을 받은 사본에 의하여 뒷받침되어야 한다.

4.5. 당사자는 상표의 선전을 위한 광고비용·매체형식·지속시간·도달범위 등 상황을 증명할 수 있는 그 상표의 광고계약서·영수증·광고매체 등 증거를 제출해야 한다.

4.6. 청구인은 판매계약서 또는 판매영수증 등 증거를 제출하여 그 상표가 사용된 상품/서비스가 이미 여러 성(자치구·직할시)에서 판매/경영되고 있음을 증명해야 한다.

4.7. 위와 같은 증거는 원칙적으로 분쟁상표의 출원일 전 증거로 제한되며,

---

2) 정식명칭은 "중화인민공화국 민정부"(中华人民共和国民政部)이며, 사회행정사무를 주관하는 국무원(国务院)의 구성부문이다. 1949년에 "중앙인민정부 내무부"로 설립되었다가, 1954년에 "중화인민공화국 내무부"로 명칭을 변경하였고, 1969년에 없어졌다가 1978년에 "중화인민공화국 민정부"로 재설립되어 현재에 이르고 있다(바이뚜baidu 백과사전).

그 상표가 미등록상표인 경우, 그 사용의 지속시간이 5년보다 짧지 않음을 증명하는 자료를 제출해야 한다. 그 상표가 등록상표인 경우, 그 등록된 기간이 3년보다 짧지 않거나 또는 사용 지속시간이 5년보다 짧지 않음을 증명하는 자료를 제출해야 한다.

4.8. 당사자가 제출하는 역외 증거자료는 그 상표가 중국의 관련 공중에게 널리 알려져 있음을 증명할 수 있는 것이어야 한다.

그 상표의 유명상표로의 인정을 청구하였지만, 위의 요건 전부를 만족시키지는 않고, 그러나 청구인이 이미 제출한 사건 증거로 그 상표가 시장에서 확실히 비교적 높은 명성을 누리고 있어서 유명상표로 인정하기에 충분한 경우에는 인정할 수 있다.

유명상표의 인정은 그 상표가 중국에서 등록 · 출원되었거나 또는 그 상표가 사용된 상품/서비스가 중국에서 실제로 생산 · 판매 또는 제공되었음을 전제로 하지 않으며, 그 상표가 사용된 상품/서비스의 선전활동, 또한 그 상표의 사용과 관련된 자료는 그 상표의 유명상표 여부를 판단하는 증거로 할 수 있다.

4.9. 그 상표의 사용 지속시간과 상황을 증명하는 데 사용하는 증거자료는, 상업적 관례에 따라, 사용된 상표표장, 상품/서비스, 사용일자 및 사용자를 나타낼 수 있어야 한다.

4.10. 사건을 심리할 때에, 상표행정주관기관 또는 사법기관에 의해 이미 인정된 유명상표와 관계되는 경우, 만약 상대방 당사자가 유명상표라는 사실에 이의가 없다면 이를 받아들일 수 있다.

5. 타인 유명상표의 복제 · 모방 또는 번역의 판정

5.1. 복제는 분쟁상표가 타인의 유명상표와 동일한 것을 가리킨다.

5.2. 모방은 분쟁상표가 타인의 유명상표를 표절하여, 타인 유명상표의 식별력 있는 부분 또는 식별력 있는 특징을 답습한 것을 가리킨다.

유명상표의 식별력 있는 부분 또는 식별력 있는 특징은 유명상표에서 주된 식별작용을 일으키는 부분 또는 특징을 가리키는 것으로, 특정 문자 또는 그 조합방식 및 글자체의 표현형식, 특정한 도형의 구성방식 및 표현형식, 특정의 색채조합 등을 포괄한다.

5.3. 번역은 분쟁상표가 타인의 유명상표를 다른 언어의 문자로 표현한 것으로, 그 언어의 문자가 타인의 유명상표와 대응관계를 형성하며, 관련 공중에게 널리 알려지거나 또는 습관적으로 사용되는 것을 가리킨다.

6. 혼동·오도의 가능성 판정

6.1. 혼동은 아래와 같은 경우를 포괄한다.

(1) 소비자가 상품/서비스의 출처를 오인하여, 분쟁상표를 부착한 상품/서비스가 유명상표의 소유자가 생산 또는 제공하는 것으로 여기는 경우

(2) 소비자로 하여금 분쟁상표를 부착한 상품의 생산자 또는 서비스의 제공자를 유명상표의 소유자와 투자관계·허가관계 또는 합작관계와 같은 일정한 관계가 있는 것으로 연상하게 하는 경우.

6.2. 오도는 아래와 같은 경우를 포괄한다.

(1) 관련 공중으로 하여금 분쟁상표가 타인의 유명상표와 상당한 정도의 관계가 있는 것으로 여기게 하기에 충분하여, 유명상표의 식별력을 약화시키는 경우

(2) 분쟁상표가 등록되어 사용되면 유명상표의 시장에서의 명성을 떨어뜨릴 수 있는 경우

(3) 분쟁상표가 등록되어 사용되면 유명상표의 시장에서의 명성을 부정당하게 이용하게 되는 경우.

6.3. 혼동 · 오도의 판정은 실제로 혼동 · 오도가 발생하였음을 요건으로 하지 않으며, 혼동 · 오도의 가능성이 있는지만 판정하면 된다.

6.4. 혼동 · 오도의 가능성을 판정함에는 아래 각 요소를 종합적으로 고려해야 한다.
   (1) 분쟁상표가 타인의 유명상표와 유사한 정도
   (2) 타인 유명상표의 독창성
   (3) 타인의 유명상표가 알려진 정도
   (4) 분쟁상표와 타인의 유명상표가 각각 사용된 상품/서비스의 관련 정도
   (5) 기타 혼동 · 오도를 일으킬 수 있는 요소.

7. 유명상표 보호범위의 판정

7.1. 중국에서 등록되지 않은 유명상표는 「상표법」 제13조 제2항 규정에 따라, 동일 또는 유사한 상품/서비스에 보호범위가 미친다.

7.2. 중국에서 이미 등록된 유명상표는 「상표법」 제13조 제3항 규정에 따라, 동일하지 아니하거나 또는 유사하지 아니한 상품/서비스에까지 보호범위가 미친다.

동일하지 아니하거나 또는 유사하지 아니한 상품/서비스에까지 등록된 유명상표의 보호범위를 미치게 하는 것은, 공중을 오도하기 쉬워 그 유명상표 등록인의 이익이 손해를 입을 수 있음을 전제로 한 것이다. 개별 사건에서 유명상표 보호의 구체적 범위는 이 기준 6.3에서 열거한 요소를 종합적으로 고려하여 판정해야 한다.

8. 악의적 등록의 판정

타인의 유명상표를 복제·모방 또는 번역하여 등록출원한 경우, 그 상표등록일로부터 5년 내에 유명상표의 소유자 또는 이해관계인은 상표평심위원회에 그 분쟁상표의 무효선고를 청구할 수 있지만, 악의로 등록받은 경우에는 유명상표의 소유자가 분쟁상표의 무효선고를 청구함에 있어서 5년의 시간적 제한을 받지 않는다.

분쟁상표의 출원인에게 악의가 있었는지를 판정함에는 아래의 요소를 고려해야 한다.

(1) 분쟁상표의 출원인이 유명상표의 소유자와 일찍이 거래 또는 합작 관계가 있었는가.

(2) 분쟁상표의 출원인이 유명상표의 소유자와 같은 지역에 위치하거나 또는 쌍방의 상품/서비스가 동일한 판매경로와 지역적 범위를 갖는가.

(3) 분쟁상표의 출원인이 유명상표의 소유자와 일찍이 기타 분쟁이 있어서, 그 유명상표를 알 수 있었는가.

(4) 분쟁상표의 출원인이 유명상표의 소유자와 일찍이 내부 직원의 왕래가 있었던 관계인가.

(5) 분쟁상표의 출원인이 분쟁상표의 등록 후에 부당한 이익을 얻을 목적이 있어, 유명상표의 명성과 영향력을 이용하여 그릇된 선전을 진행하고, 유명상표의 소유자를 협박하여 그와 거래합작을 진행하며, 유명상표의 소유자 또는 타인에게 고액의 양도비용·허가사용료 또는 침해배상금을 요구하는 등의 행위를 하였는가.

(6) 유명상표의 독창성이 상대적으로 큰 편인가.

(7) 악의로 인정할 수 있는 기타 사정이 있는가.

二. 피대리인 또는 피대표자 상표의 무단등록에 대한 심리기준

「상표법」제15조 ① 권한을 받지 아니한 대리인 또는 대표자가 자기의 명의로 피대리인 또는 피대표자의 상표에 대해서 등록을 진행하여 피대리인 또는 피대표자가 이의를 신청하는 경우, 등록해 주지 아니하고 사용을 금지한다.

1. 서 론

대리인 또는 대표자가 권한을 받지 않고 무단으로 피대리인 또는 피대표자의 상표를 등록하는 것은, 신의성실의 원칙에 위배되며 피대리인·피대표자 또는 이해관계인의 합법적 권익을 침해하는데, 위의 규정은 대리인·대표자가 악의로 먼저 등록하는 행위를 금지하기 위함이다.

상표이의·부등록복심 및 무효선고 사건의 심리에서, 대리인 또는 대표자가 피대리인 또는 피대표자의 상표를 임의로 등록한 것과 관련된 경우, 이 기준을 원칙으로 하여 각 사건별로 판정한다.

2. 적용요건

대리인 또는 대표자가 권한을 받지 않고 피대리인 또는 피대표자의 상표를 무단으로 등록한 행위로 인정함에는 아래의 요건에 부합해야 한다.

(1) 분쟁상표의 등록출원인이 상표 소유자의 대리인 또는 대표자일 것

(2) 분쟁상표의 지정상품이 피대리인·피대표자 상표의 상품/서비스와 동일 또는 유사할 것

(3) 분쟁상표가 피대리인·피대표자의 상표와 동일 또는 유사할 것

(4) 대리인 또는 대표자가 피대리인 또는 피대표자의 권한을 받아 등록출원하였음을 증명할 수 없을 것.

등록상표의 무효선고 사건에서, 피대리인·피대표자 또는 이해관계인은 분쟁상표의 등록일로부터 5년 내에 무효선고를 청구할 수 있다.

3. 대리관계·대표관계의 판정

3.1. 대리인은 「중화인민공화국 민법통칙」, 「중화인민공화국 계약법」에서 규정하는 대리인을 포함할 뿐만 아니라, 상사 업무 거래에 기초하여 피대리인의 상표를 알 수 있는 중개판매인도 포함한다.

대표자는 피대표자에 종속하는 특정 신분을 갖고 직무를 수행하면서 피대표자의 상표를 알 수 있는 개인을 가리키며, 법정대표자·이사·감사·지배인·동업사무의 집행인 등을 포함한다.

3.2. 대리·대표관계가 아직 협상단계임에도 대리인·대표자가 피대리인·피대표자의 상표를 알게 된 후 등록을 진행하여, 피대리인·피대표자의 이익에 손해를 입힐 수 있는 경우는 「상표법」 제15조 제1항의 대리인·대표자의 무단등록 행위에 해당한다.

대리·대표관계가 종료된 후 대리인·대표자가 피대리인·피대표자의 상표를 등록출원하여 피대리인·피대표자의 이익에 손해를 입힐 수 있는 경우도 「상표법」 제15조 제1항의 대리인·대표자의 무단등록 행위에 해당한다.

비록 대리인 또는 대표자의 명의로 피대리인 또는 피대표자의 상표를 등록출원하지는 않았다고 하더라도, 등록출원인이 대리인 또는 대표자와 서로 짜고 공모하였음을 증명할 수 있는 증거가 있는 경우에도 「상표법」 제15조 제1항의 대리인·대표자의 무단등록 행위에 해당한다. 서로 짜고 공모하여 먼저 등록한

것인지에 대해서는 상황을 보아 상표등록출원인과 위의 대리인 또는 대표자 사이에 친척·투자 등 관계가 있는지에 근거하여 추정할 수 있다.

3.3. 아래의 증거로 대리관계의 존재를 증명할 수 있다.
(1) 대리·중개판매 계약서
(2) 대리·중개판매 관계를 증명할 수 있는 거래증서·구매자료 등
(3) 대리·중개판매 관계의 존재를 증명할 수 있는 기타 증거.

아래의 증거로 대표관계의 존재를 증명할 수 있다.
(1) 기업등록등기자료
(2) 기업의 보수표·노동계약·직무문서·사회보험·의료보험 자료
(3) 일방 당사자가 피대표자에 종속하는 특정 신분으로 직무를 수행하면서 피대표자의 상표를 알 수 있었다는 기타 증거자료.

4. 피대리인·피대표자의 상표

4.1. 피대리인의 상표는 아래를 포괄한다.
(1) 계약서 또는 위임장에 기재된 피대리인의 상표
(2) 만약 당사자 사이에 약정하지 않았다면, 대리관계가 이미 확정된 때에, 피대리인이 그 피대리 위탁판매 상품/서비스에 이미 선사용하는 상표는 피대리인의 상표로 본다.
(3) 만약 당사자 사이에 약정하지 않았다면, 대리인이 그 대리하여 위탁판매하는 상품/서비스에 사용하는 상표로서, 만약 대리인 자신의 광고선전 등 사용행위로 인해서 관련 공중으로 하여금 그 상표가 피대리인의 상품/서비스와 타인의 상품/서비스를 서로 구별하는 표지라고 인식하게 하기에 충분한 경우, 피대리인의 상품/서비스에 사용된 상표는 피대리인의 상표로 본다.

4.2. 피대표자의 상표는 아래를 포괄한다.

(1) 피대표자가 이미 선사용한 상표

(2) 법에 의해 피대표자에게 속하는 기타 상표.

5. 피대리인 또는 피대표자 상표의 보호범위는 그 상표가 사용된 상품/서비스와 동일한 상품/서비스에 한정되지 않으며, 유사한 상품/서비스에도 미친다.

6. 대리인 · 대표자가 등록출원할 수 없는 상표는 피대리인 또는 피대표자의 상표와 동일한 상표에 한정되지 않으며, 피대리인 또는 피대표자의 상표와 유사한 상표도 포함된다.

7. 대리인 · 대표자의 상표등록 수권 판정

7.1. 피대리인 · 피대표자가 부여한 권한의 내용에는 대리인 · 대표자가 등록할 수 있는 상품/서비스 및 상표표장이 포함되어야 하고, 수권의 의사가 분명하고 명확해야 한다.

7.2. 대리인 또는 대표자는 아래의 증거자료를 제출하여 수권 사실의 존재를 증명해야 한다.

(1) 피대리인 · 피대표자가 대리인 · 대표자에게 발행한 서면 수권문서

(2) 피대리인 · 피대표자가 대리인 · 대표자에게 분명하고 명확하게 수권의사를 표시하였음을 나타내는 기타의 증거.

7.3. 대리인 · 대표자가 비록 등록출원을 할 때에는 피대리인 · 피대표자로부터 명확하게 권한을 받지 않았지만, 피대리인 · 피대표자가 그 등록출원 행위

에 대하여 사후에 추인한 경우, 대리인·대표자가 피대리인·피대표자로부터 권한을 받은 것으로 본다. 피대리인·피대표자가 그 등록출원 행위를 알고 있었고 합리적인 기간 내에 반대를 표시하지 않았음을 증명할 수 있는 증거가 있는 경우, 대리인·대표자가 피대리인·피대표자로부터 권한을 받은 것으로 본다.

　　7.4. 상표등록출원을 할 때에는 피대리인·피대표자로부터 명확히 권한을 받았지만, 피대리인·피대표자가 사후에 번복한 경우에도, 여전히 대리인·대표자가 피대리인·피대표자로부터 권한을 받은 것으로 인정해야 한다.

三. 특정관계인의 타인 선사용상표 등록에 대한 심리기준

「상표법」 제15조 ② 동일종류 상품 또는 유사 상품에 대하여 등록출원한 상표가 타인이 선사용하였지만 등록받지 아니한 상표와 동일 또는 유사하고, 출원인이 그 타인과 전항 규정 이외의 계약·업무관계 또는 기타 관계가 있어 그 타인의 상표가 존재함을 분명히 알고 있었고 그 타인이 이의를 신청하는 경우, 등록해 주지 아니한다.

1. 서 론

특정관계인이 계약·거래 또는 기타 관계로 인해 타인의 상표임을 알았으면서도 먼저 등록하는 행위는 신의성실의 원칙에 위배되며, 상표 선사용자 또는 이해관계인의 합법적 권익을 침해한다. 위의 규정은 특정관계인이 타인의 상표임을 알았으면서도 악의로 먼저 등록하는 행위를 금지함으로써 공정한 시장경쟁질서를 유지하기 위함이다.

상표이의·부등록복심 및 무효선고 사건의 심리에서, 특정관계인이 타인의 선사용상표를 먼저 등록한 것과 관련된 경우, 이 기준을 원칙으로 하여 각 사건별로 판정한다.

2. 적용요건

특정관계인이 타인의 선사용상표를 먼저 등록한 것에 해당하기 위해서는 아래 요건에 부합해야 한다.

　　(1) 타인의 상표가 분쟁상표 출원 전에 이미 사용되었을 것

　　(2) 분쟁상표의 등록출원인이 상표의 선사용자와 계약·거래관계 또는 기타 관계가 있어, 특정관계로 인해 등록출원인이 타인 상표의 존재를 분명히 알고 있었을 것

　　(3) 분쟁상표의 지정상품/서비스가 타인 선사용상표의 상품/서비스와 동일 또는 유사할 것

　　(4) 분쟁상표가 타인 선사용상표와 동일 또는 유사할 것.

　　등록상표의 무효선고 사건에서, 상표의 선사용자 또는 이해관계인은 분쟁상표의 등록일로부터 5년 내에 무효선고를 청구해야 한다.

3. 계약·거래관계 및 기타 관계의 판정

　　계약·거래관계는 쌍방 사이에 존재하는 대표·대리관계 이외의 기타 상업적 계약·교역관계를 가리킨다. 기타 관계는 쌍방의 상업적 거래 이외의 기타 관계를 가리킨다. 계약·거래 또는 기타 관계의 범위는 신의성실의 원칙 실현이라는 입법취지에서 출발해서 선권리 보호와 불공정한 경쟁 제지를 지향점으로 하여 확정해야 하며, 계약·거래관계 또는 기타 관계로 인해 타인의 선사용상표가 존재함을 알았으면서도 먼저 등록한 경우는 모두 이 조항 규정을 적용하여 규제해야 한다.

　　자주 볼 수 있는 계약·거래관계에는 아래와 같은 관계가 있다.

　　(1) 매매관계

　　(2) 위탁가공관계

　　(3) 가맹관계(상표사용허가)

　　(4) 투자관계

　　(5) 행사의 찬조·연합

　　(6) 업무시찰·협상관계

　　(7) 광고대리관계

(8) 기타 상업적 거래 관계.

자주 볼 수 있는 기타 관계에는 아래와 같은 관계가 있다.
(1) 친척관계
(2) 고용관계(예, 제15조 제1항이 규정하는 대표자 이외의 기타 종업원).

위의 관계 이외의 기타 관계가 있어서 선상표를 알게 된 경우, 이 조항이 규정하는 기타 관계에 속한다.
아래의 증거는 계약·거래 및 기타 관계의 존재를 증명할 수 있다.
(1) 계약서
(2) 계약·거래를 증명할 수 있는 왕래 서신, 거래 영수중, 구매자료 등
(3) 기업의 보수표, 노동계약, 사회보험, 의료보험자료, 주민등록증명 등
(4) 특정관계의 존재를 증명할 수 있는 기타 증거.

4. "선사용"의 판정

선사용상표는 분쟁상표가 등록출원을 하기 전에, 이미 중국 시장에서 사용된 상표이어야 한다. 선사용에는 실제 판매된 상품, 제공된 서비스에 사용된 것이 포함되며, 상표에 대해서 홍보 및 선전을 진행한 것도 포함된다.
이 조문의 선사용에는 분쟁상표를 표장으로 하는 상품/서비스가 중국 시장 출시를 위해 실제로 준비작업을 진행한 것도 또한 포함된다.
선사용자는 상표가 이미 사용되었음을 증명하면 되고, 상표가 사용을 통해서 일정한 영향력이 생겼음을 증명할 필요는 없다.

5. 비록 특정관계인의 명의로 등록출원하지는 않았지만, 등록출원인이 특정관계인과 짜고 공모하였음을 증명할 수 있는 증거가 있는 경우,「상표법」제15조 제2항의 특정관계인이 먼저 등록한 행위에 해당한다. 공모하여 먼

저 등록한 행위에 대해서는, 사정을 보아 상표등록출원인과 위의 특정관계인 사이의 친척·투자 등 관계에 근거하여 추정할 수 있다.

6. 특정관계인이 등록출원할 수 없는 상표는 타인의 선사용상표와 동일한 상표에 한정되지 않으며, 타인 선사용상표와 유사한 상표도 포함된다.

7. 타인 선사용상표의 보호범위는 그 상표가 사용된 상품/서비스와 동일한 상품/서비스에 한정되지 않으며, 유사한 상품/서비스에도 미친다.

四. 타인의 선권리에 손해를 입히는 경우에 대한 심리기준

「상표법」제32조 상표등록출원으로 타인의 현존하는 선권리에 손해를 입혀서는 아니 되며, …

1. 서 론

이 규정의 선권리는 분쟁상표의 등록출원일 전에 이미 취득한, 상표권 이외의 기타 권리로서, 상호권·저작권·디자인특허권·성명권·초상권 및 보호되어야 하는 기타 합법적 선권익을 포괄한다.

상표이의·부등록복심 및 무효선고 사건의 심리 과정에서, 선권리 보호 문제와 관련되는 경우, 이 기준을 원칙으로 하여 각 사건별로 판정한다.

이 조의 "현존"은 일반적으로 분쟁상표의 등록출원일을 시간적 기준으로 하여 선권리의 형성 여부와 합법적 상태 지속여부를 확정하지만, 만약 선권리가 사건의 심리 시에 이미 존재하지 않는 경우에는 일반적으로 분쟁상표의 등록에 영향이 없다.

2. 선권리

2.1. 상호권

2.1.1. 타인이 선등기·선사용하였고 일정한 지명도가 있는 상호와 동일 또

는 유사한 문자를 상표로 등록출원하여 중국의 관련 공중으로 하여금 혼동하게
하기 쉬워서 선상호권자의 이익이 손해를 입을 수 있는 경우, 타인의 선상호권
에 손해가 발생하는 것으로 인정해야 하며, 분쟁상표에 대해서 등록결정하지 않
거나 또는 무효로 선고해야 한다.

2.1.2. 적용요건

(1) 분쟁상표의 등록출원 전에 타인이 그 상호를 이미 선등기 또는 선사용
하였을 것

(2) 그 상호가 중국의 관련 공중 사이에 일정한 지명도가 있을 것

(3) 분쟁상표의 등록과 사용으로 중국의 관련 공중으로 하여금 혼동하게 하
기 쉬워서 선상호권자의 이익이 손해를 입을 수 있을 것.

2.1.3. 선상호권의 확정

상호권으로 분쟁상표에 대항하는 경우, 상호의 등기 · 사용일은 분쟁상표의
등록출원일보다 앞서야 한다.

상호권을 먼저 향유했다는 사실은 기업등기자료, 그 상호를 사용한 상품 거
래 문서, 광고선전 자료 등으로 증명할 수 있다.

2.1.4. 혼동가능성의 판단

혼동가능성은, 분쟁상표가 등록되고 사용되면 관련 공중으로 하여금 그 상
표가 부착된 상품/서비스가 상호권자의 것이거나 또는 상호권자와 모종의 특정
관계가 있는 것으로 잘못 인식하게 할 수 있는 것을 가리킨다.

분쟁상표가 선상호와 혼동이 발생하여 선상호권자의 이익에 손해를 입힐
수 있는지를 인정할 때에는, 아래의 각 요소를 종합적으로 고려해야 한다.

(1) 분쟁상표와 상호의 유사 정도

원칙적으로 분쟁상표와 선상호가 동일하거나 또는 기본적으로 동일한 때에
혼동이 발생하기 쉬우나, 개별 사건에서는 선상호의 독창성 · 지명도에 근거하
여 분쟁상표와 상호의 유사여부에 대하여 판단해야 한다.

(2) 분쟁상표의 지정상품/서비스와 상호권자가 실제로 경영하는 상품/서비

스의 관련 정도

　　선상호권에 대한 보호는 원칙적으로 상호권자가 실제로 경영하는 상품/서비스와 동일 또는 유사한 상품/서비스로 한정되어야 하지만, 개별 사건에서는 선상호의 독창성 · 지명도, 쌍방 상품/서비스의 관련정도에 근거하여 그 선상호권의 보호범위를 구체적으로 확정해야 한다.

　　2.1.5. 기업명칭의 약칭, 사업단위 및 기타 조직의 명칭 및 약칭, 동업 및 자영업자의 상호 및 약칭도 모두 이 기준을 참조하여 적용한다.

　　2.2. 저작권

　　2.2.1. 저작권자의 허가를 받지 않고 타인이 저작권을 향유하는 작품으로 상표등록출원한 경우, 타인의 선저작권에 손해를 입히는 것으로 인정해야 하며, 분쟁상표에 대해서 등록결정하지 않거나 또는 무효로 선고해야 한다.

　　2.2.2. 적용요건

　　(1) 분쟁상표의 등록출원 전에 타인이 먼저 저작권을 이미 향유하고 있었을 것

　　(2) 분쟁상표가 타인이 먼저 저작권을 향유하고 있었던 작품과 동일하거나 또는 실질적으로 유사할 것

　　(3) 분쟁상표의 등록출원인이 타인이 저작권을 향유하는 작품을 접하였거나 또는 접할 수 있었을 것

　　(4) 분쟁상표의 등록출원인이 저작권자의 허가를 받지 않았을 것.

　　2.2.3. 선저작권의 확정

　　저작권을 먼저 향유한다는 것은 분쟁상표의 등록출원일 전에 타인이 이미 작품의 창작을 완성하였거나 또는 상속 · 양도 등 방식으로 저작권을 취득한 것을 가리킨다.

　　저작권을 먼저 향유하였다는 사실은 저작권 등록증서, 그 작품을 공개적으로 먼저 발표하였다는 증거자료, 그 작품의 창작을 먼저 완성하였다는 증거자

료, 승계·양도 등 방식으로 저작권을 먼저 취득하였다는 증거자료 등으로 증명할 수 있다. 상표등록증 또는 분쟁상표의 등록출원일보다 늦게 등록한 저작권등록증서는 단독으로는 저작권 성립의 증거로 인정될 수 없다.

효력을 발생한 판결문 중에서 확인되는, 당사자가 저작권을 먼저 향유한 사실은, 상반되는 증거가 충분히 없는 상황이라면, 인정될 수 있다.

2.2.4. "작품"은 「중화인민공화국 저작권법」의 보호를 받는 객체를 가리킨다.

2.2.5. 분쟁상표의 등록출원인이 분쟁상표가 독립적으로 창작하여 완성하였음을 증명할 수 있는 경우, 타인의 선저작권에 손해를 입히는 것에 해당하지 않는다.

2.2.6. 분쟁상표의 등록출원인은 그 주장하는, 저작권자의 허가를 받았다는 사실에 대해서 증명책임을 진다.

「중화인민공화국 저작권법」 및 그 「실시세칙」의 관련 규정에 근거하여, 분쟁상표의 등록출원인은 작품을 사용하여 그 상표등록출원하도록 저작권자가 직접적이고도 명확하게 허가의 의사를 표시하였음을 증거를 들어 증명해야 한다.

2.3. 디자인특허권[1]

2.3.1. 권한을 받지 않고 타인이 특허권을 향유하는 디자인에 대하여 상표등록출원하여 선디자인특허권자의 이익에 손해를 입힐 수 있는 경우, 상표법 제32조 전단을 적용하여 분쟁상표에 대해서 등록결정하지 않거나 또는 무효로 선고할 수 있다.

---

[1] 중국특허법은 우리의 특허법·실용신안법 및 디자인보호법을 포괄하며, 중국의 특허권은 발명특허권, 실용신안특허권, 디자인특허권으로 구분된다. 중국의 디자인특허권은 우리의 디자인권에 해당한다.

2.3.2. 적용요건

(1) 분쟁상표의 등록출원 및 사용 전에 타인이 이미 디자인특허권을 향유하고 있었을 것

(2) 분쟁상표가 디자인과 동일 또는 유사할 것.

2.3.3. 타인의 선디자인특허권 확정

디자인특허의 등록공고일은 분쟁상표의 출원일 및 사용일보다 앞서야 한다.

당사자가 디자인특허권을 먼저 향유하였음을 주장하는 경우, 디자인특허증서, 연차료납부 영수증 등 증거자료를 제출하여 증명해야 한다.

2.3.4. 분쟁상표와 디자인의 동일 또는 유사 판단

분쟁상표와 디자인의 동일 또는 유사 판단에 관해서는, 분쟁상표와 디자인을 전체적으로 대비할 수도 있고, 분쟁상표의 주된 식별력 있는 부분과 디자인의 요부를 대비할 수도 있다.

분쟁상표와 디자인의 동일 또는 유사 여부 인정에 관해서는, 원칙적으로 상표의 동일·유사 심사기준을 적용한다. 디자인특허 중의 문자는 그 특수한 표현형식만이 보호되며, 의미는 특허권의 보호범위 내에 속하지 않는다.

2.3.5. 분쟁상표의 등록출원인은 그 주장하는, 디자인특허권자로부터 권한을 받았다는 사실에 대해서 증명책임을 진다.

2.4. 성명권

2.4.1. 허가를 받지 않고 타인의 성명을 상표등록출원하여 타인의 성명권에 손해를 입힐 수 있는 경우, 분쟁상표에 대해서 등록결정하지 않거나 또는 무효로 선고해야 한다.

2.4.2. 적용요건

(1) 분쟁상표의 문자가 그 성명권자를 가리키는 것으로 관련 공중이 인식하

고 있을 것

(2) 분쟁상표가 등록되면 타인의 성명권에 손해를 입힐 수 있을 것.

2.4.3. 타인의 성명은 본명 · 필명 · 예명 · 별명 등을 포괄한다.

"타인"은 이의신청 · 부등록복심 또는 무효선고청구 시에 생존해 있는 자연인을 가리킨다.

2.4.4. 분쟁상표가 타인의 성명권에 손해를 입히는지의 인정은, 관련 공중으로 하여금 분쟁상표가 그 지정상품에서 성명권자를 가리키거나 또는 성명권자와 대응연계 관계가 있는 것으로 인식하게 하기 쉬운가를 전제로 하며, 분쟁상표가 타인의 성명과 완전히 동일한 경우를 포함하고, 또한 비록 분쟁상표가 타인의 성명과 문자 구성에서는 약간 다르지만 타인 성명의 주된 특징을 반영하여 관련 공중으로 하여금 그 성명권자를 가리키는 것으로 인식하게 하는 것도 포함한다.

허가를 받지 않고 공인의 성명을 사용하여 상표등록출원하는 경우, 또는 타인의 성명임을 분명히 알면서도 타인의 이익에 손해를 입힐 목적으로 상표등록출원하는 경우, 타인의 성명권에 손해를 입히는 것으로 인정해야 한다.

2.4.5. 분쟁상표의 등록출원인은 그 주장하는, 성명권자로부터 허가를 받았다는 사실에 대해서 증명책임을 진다.

분쟁상표의 등록출원일 전에 성명권자가 허가를 철회한 경우, 성명권자가 사용을 허가한 상품/서비스를 벗어나서 상표등록출원한 경우, 성명권자가 명확하게 허가하지 않은 상품/서비스에 상표등록출원한 경우, 허가를 받지 않은 것으로 본다.

2.4.6. 성명을 사용한 상표등록출원으로서, 공중을 오도하거나 공서양속을 해하거나 또는 기타 부정적 영향이 있는 경우, 「상표법」 제10조 제1항 제7호 및 제8호 규정에 의해 심사를 진행한다.

2.5. 초상권

2.5.1. 허가를 받지 않고 타인의 초상으로 상표등록출원하여 타인의 초상권에 손해를 입힐 수 있는 경우, 분쟁상표에 대해서 등록결정하지 않거나 또는 무효로 선고해야 한다.

2.5.2. 적용요건

(1) 분쟁상표의 이미지가 그 초상권자를 가리키는 것으로 관련 공중이 인식하고 있을 것

(2) 분쟁상표가 등록되면 타인의 초상권에 손해를 입힐 수 있을 것.

2.5.3. "타인"은 이의신청·부등록복심 또는 무효선고청구 시에 생존해 있는 자연인을 가리킨다.

초상은 촬영·회화 등 예술적 수단으로 타인의 형상을 재현한 것을 가리키며, 사진·초상화·동영상 등 표현형식을 포괄한다.

2.5.4. 분쟁상표가 타인의 초상권에 손해를 입히는지의 인정은, 관련 공중으로 하여금 분쟁상표가 그 지정상품에서 초상권자를 가리키거나 또는 초상권자와 대응연계 관계가 있는 것으로 인식하게 하기 쉬운가를 전제로 한다.

타인의 초상사진을 분쟁상표로 등록출원한 경우, 타인이 공인으로서의 지명도가 있는지 여부를 보호의 전제로 하지 않는다. 타인의 초상화를 분쟁상표로 등록출원한 경우, 일반적으로는 타인의 지명도 상황을 고려하여 개별 사건에서 보호범위를 확정한다.

허가를 받지 않고 공인의 초상을 사용하여 상표등록출원한 경우, 또는 타인의 초상임을 분명히 알면서도 타인의 이익에 손해를 입힐 목적으로 상표등록출원한 경우, 타인의 초상권에 손해를 입히는 것으로 인정해야 한다.

2.5.5. 분쟁상표의 등록출원인은 그 주장하는, 초상권자로부터 허가를 받았다는 사실에 대해서 증명책임을 진다.

분쟁상표의 등록출원일 전에 초상권자가 허가를 철회한 경우, 초상권자가

사용을 허가한 상품/서비스를 벗어나서 상표등록출원한 경우, 초상권자가 명확하게 허가하지 않은 상품/서비스에 상표등록출원한 경우, 허가를 받지 않은 것으로 본다.

2.5.6. 타인의 초상을 사용한 상표등록출원으로서, 공중을 오도하거나 공서양속을 해하거나 또는 기타 부정적 영향이 있는 경우,「상표법」제10조 제1항 제7호 및 제8호 규정에 의해 심사를 진행한다.

3. 선권익

3.1. 유명상품/서비스 특유의 명칭·포장·장식
3.1.1. 타인의 유명상품/서비스 특유의 명칭·포장·장식과 동일 또는 유사한 문자·도형 등을 상표등록출원하여, 중국의 관련 공중으로 하여금 혼동을 일으키게 하기 쉬워 그 합법적 권익이 있는 자의 이익에 손해를 입힐 수 있는 경우, 타인 유명상품/서비스 특유의 명칭·포장·장식에 대한 손해로 인정해야 하며, 분쟁상표에 대해서 등록결정하지 않거나 또는 무효로 선고해야 한다.

3.1.2. 적용요건
(1) 분쟁상표의 등록출원 전에 타인이 유명상품/서비스 특유의 명칭·포장·장식을 이미 먼저 사용하였을 것
(2) 타인 유명상품/서비스의 특유한 명칭·포장·장식이 상표로 등록되지 않았을 것
(3) 분쟁상표가 타인 유명상품/서비스 특유의 명칭·포장·장식과 동일 또는 유사할 것
(4) 분쟁상표가 등록되어 사용되면 관련 공중으로 하여금 혼동 또는 오인하게 하기 쉬워, 선유명상품/서비스 특유의 명칭·포장·장식에 권익이 있는 자의 이익이 손해를 입을 수 있을 것.

3.1.3. 유명상품/서비스 특유의 명칭 · 포장 · 장식의 인정

상품의 출처를 구별하는 식별력을 갖는 상품의 명칭 · 포장 · 장식은 "특유의 명칭 · 포장 · 장식"으로 인정해야 한다. 아래 중 하나에 해당하는 경우, 유명상품 특유의 명칭 · 포장 · 장식으로 인정될 수 없다.

(1) 상품에 통용되는 명칭 · 도형 · 부호

(2) 상품의 품질 · 주요원료 · 기능 · 용도 · 중량 · 수량 및 기타 특징만을 직접적으로 표시하는 상품의 명칭

(3) 단지 상품 자체의 성질로부터 형성된 형상, 기술적 효과를 얻기 위해 필요한 상품의 형상 및 상품으로 하여금 실질적 가치를 갖게 하기 위한 형상

(4) 식별력이 결여된 상품의 기타 명칭 · 포장 · 장식.

위의 (1), (2), (4)가 규정하는 경우에는 사용을 통해서 식별력을 취득하게 되면, 특유의 명칭 · 포장 · 장식으로 인정될 수 있다.

3.1.4. 혼동가능성의 판정

분쟁상표가 유명상품/서비스 특유의 명칭 · 포장 · 장식과 혼동하게 하기 쉬워 선행하는 권익이 있는 자의 이익에 손해를 입힐 수 있는지에 대한 인정은, 분쟁상표와 그 유명상품/서비스 특유의 명칭 · 포장 · 장식의 유사 정도 및 분쟁상표의 지정상품/서비스와 유명상품/서비스의 관련 정도를 종합적으로 고려해야 한다.

3.2. 보호해야 하는 기타 합법적 선권익

五. 타인이 이미 사용하여 일정한 영향력이 있는 상표의 선점에 대한 심리기준

「상표법」제32조 상표등록출원으로…, 또한 타인이 이미 사용하고 있고 일정한 영향력이 있는 상표를 부정당한 수단으로 먼저 등록해서도 아니 된다.

1. 서 론

위의 규정은 신의성실의 원칙에 기초해서, 이미 사용되어 일정한 영향력이 있는 상표를 보호하고, 부정당한 수단으로 먼저 등록하는 행위를 제지하여, 등록주의를 엄격하게 관철함으로써 불공평한 결과가 발생할 수 있는 결점을 보충하기 위한 것이다.

상표이의·부등록복심 및 무효선고 사건의 심리 중에, 타인이 먼저 사용하여 일정한 영향력 있는 상표를 먼저 등록하는 문제에 관계된 경우, 이 기준을 원칙으로 하여 각 사건별로 판정한다.

2. 적용요건

(1) 타인의 상표가 분쟁상표의 출원일 전에 이미 선사용되었고 일정한 영향력이 있을 것

(2) 분쟁상표가 타인의 상표와 동일 또는 유사할 것

(3) 분쟁상표의 지정상품/서비스가 타인의 상표가 사용된 상품/서비스와 원칙적으로 동일 또는 유사할 것

(4) 분쟁상표의 출원인이 부정당한 수단을 썼을 것.

선사용되어 일정한 영향력이 있는 상표의 소유자 또는 이해관계인이 「상표법」 제32조 규정에 근거하여 분쟁상표에 대하여 무효선고를 청구하는 경우, 분쟁상표의 등록결정일로부터 5년 내에 청구해야 한다.

3. 이미 사용되어 일정한 영향력이 있는 상표의 판정

3.1. 이미 사용되어 일정한 영향력이 있는 상표는 중국에서 이미 선사용되었고 일정 범위 내에서 관련 공중에게 알려져 있는 미등록상표를 가리킨다.

관련 공중의 판단은 '타인 유명상표의 복제·모방 또는 번역 심리기준'의 관련 규정을 적용한다.

3.2. 상표가 일정한 영향력이 있음을 증명하기 위해, 아래와 같은 증거자료를 제출할 수 있다.

(1) 그 상표의 최초 사용시기 및 사용지속 현황 등 관련 자료

(2) 그 상표를 사용한 상품/서비스의 계약서·영수증·인수증·은행입금표·수출입증명서 등

(3) 그 상표를 사용한 상품/서비스 판매지역범위·판매량·판매경로·방식·시장점유율 등 관련 자료

(4) 그 상표 소유자가 방송·영화·TV·신문·정기간행물·인터넷·옥외 등 매체로 실시한 상업적 광고·선전 자료 및 위의 매체에 발표된 그 상표에 관한 평론·보도·선전 등 자료

(5) 그 상표를 사용한 상품/서비스의 전람회·박람회·경매 등 상업활동 출품 관련 자료

(6) 그 상표의 수상 등 상업적 명성 관련 자료

(7) 그 상표가 일정한 영향력이 있음을 증명할 수 있는 기타의 자료.

당사자가 역외 증거자료를 제출하더라도 그 상표가 중국의 관련 공중에게 알려져 있음을 증명할 수 있으면 이를 받아들여야 한다.

3.3. 상표 사용의 상황을 증명하기 위해 이용하는 자료는 사용된 상표의 표장, 상품/서비스, 사용 시기 및 사용자를 나타낼 수 있어야 한다.

3.4. 상표가 일정한 영향력이 있는지 여부는 원칙적으로 분쟁상표의 출원일을 기준으로 판정한다.

분쟁상표의 출원일 전에 비록 일찍이 사용되어 일정한 영향력이 있었지만 계속해서 사용되지는 않은 경우, 그 상표의 영향력이 분쟁상표의 등록출원일까지 지속되었는지 여부에 대해서 판정해야 한다.

4. "부정당한 수단"의 판정

분쟁상표의 출원이 부정당한 수단을 쓴 것인지를 판정함에는 아래의 요소를 고려해야 한다.

(1) 분쟁상표의 출원인이 선사용자와 거래 또는 합작 관계에 있었는가.

(2) 분쟁상표의 출원인이 선상표사용자와 동일한 지역에 위치하는가, 또는 쌍방의 상품/서비스가 동일한 판매경로 및 지역적 범위를 갖는가.

(3) 분쟁상표의 출원인이 선사용자와 일찍이 기타 분쟁이 발생한 적이 있어서 선사용자의 상표를 알 수 있었는가.

(4) 분쟁상표의 출원인이 선사용자와 내부자가 왕래하는 관계에 있었는가.

(5) 분쟁상표의 출원인이 부정당한 이익을 얻을 목적으로 선사용자의 일정한 영향력 있는 상표의 명성과 영향력을 이용하여 그릇된 선전을 하고, 선사용자로 하여금 거래관계를 맺도록 협박하여, 선사용자 또는 타인에게 고액의 양도료 · 허가사용료 또는 침해배상금 등을 요구하는 행위가 있었는가.

(6) 타인의 상표에 비교적 독창성이 있음에도 분쟁상표가 이와 매우 유사한가.

(7) 부정당한 수단으로 인정될 수 있는 기타의 상황이 있는가.

5. 이 조문이 가리키는 상황에 해당하는지 여부는 "일정한 영향력"의 정도와
"부정당한 수단"의 정황에 대하여 종합적으로 고려해야 한다.

六. 기만적 수단 또는 기타 부정당한 수단으로 등록된 상표에 대한 심리기준

「상표법」 제44조 ① 이미 등록된 상표가 … 기만적 수단 또는 기타 부정당한 수단으로 등록된 경우, 상표국은 그 등록상표를 무효로 선고한다. 기타 단위 또는 개인은 상표평심위원회에 그 등록상표의 무효선고를 청구할 수 있다.

1. 서 론

상표등록출원을 함에는 신의성실의 원칙을 준수해야 하고, 속임수를 써서 상표행정주관기관을 기만하여 등록받아서는 안 되며, 상표등록 질서를 어지럽히거나 공공이익에 손해를 입히거나 공공자원을 부당하게 점용하거나 또는 기타 부정당한 방식으로 부정한 이익을 취하는 등 기타 부정당한 수단을 써서 등록받아서도 안 된다.

기만적 수단 또는 기타 부정당한 수단을 써서 상표등록을 받는 문제에 관해서는 이 기준을 원칙으로 하여 각 사건별로 판정한다.

2. 적용요건

2.1. 기만적 수단을 써서 상표등록을 받는 행위

이러한 경우는 분쟁상표의 등록인이 상표등록출원을 할 때에 상표행정주관기관에 대하여 사실의 진상을 조작하거나 또는 숨기고, 위조된 출원서류 또는 기타 증명서류를 제출하여 상표등록을 편취하는 행위를 가리킨다. 아래의 예를 포함하지만 이에 한정되지는 않는다.

(1) 출원서류의 서명·인장을 위조하는 행위

(2) 출원인의 신분증명서류를 위조·변조하는 행위로, 허위의 신분증·영업증 등 신분증명서류를 사용하거나, 신분증·영업증 등 신분증명서류의 중요한 등록사항을 변조하는 행위 등을 포괄한다.

(3) 기타 증명서류를 위조하는 행위.

2.2. 기타 부정당한 수단을 써서 상표등록을 받는 행위

이러한 경우는 분쟁상표의 등록인이 기만적 수단 이외의 상표등록 질서를 어지럽히거나 공중의 이익에 손해를 입히거나 공공자원을 부당하게 점용하거나 또는 기타 방식을 써서 부정당한 이익을 취하는 등 기타 부정당한 수단을 써서 등록받은 것임을 증명할 수 있는 충분한 증거가 확실히 있는 것을 가리키는데, 그 행위는 신의성실의 원칙에 위반되고 공공이익에 손해를 입히는 것이다. 단지 특정한 민사적 권익에 손해를 입히는 경우에 대해서는 상표법 제45조 및 상표법의 기타 상응하는 규정을 적용하여 심사 및 판단한다.

2.2.1. 아래의 경우가 이 조항이 가리키는 "기타 부정당한 수단을 써서 상표등록을 받는" 경우에 해당한다.

(1) 분쟁상표의 출원인이 여러 건의 상표등록출원을 하였는데, 상대적으로 식별력이 강한 타인의 상표와 동일 또는 유사한 경우

(2) 분쟁상표의 출원인이 여러 건의 상표등록출원을 하였는데, 타인의 상호, 기업의 명칭, 사회조직 및 기타 기구의 명칭, 유명상품 특유의 명칭·포장·장식 등과 동일 또는 유사한 경우

(3) 분쟁상표의 출원인이 여러 건의 상표등록출원을 하였는데, 진정으로 사용할 의사가 없는 것이 분명한 경우

(4) 부정당한 수단을 써서 등록받은 것으로 인정될 수 있는 기타의 경우.

2.2.2. 분쟁상표에 대해서 등록결정을 받은 후, 분쟁상표의 출원인이 실제 사용행위를 하지도 않았고 사용 준비행위를 하지도 않았으며, 단지 부정당한 이익만을 얻을 목적으로 적극적으로 타인에게 상표를 팔러 다니거나, 타인에게 그와 거래하도록 협박하거나, 또는 타인에게 고액의 양도료·사용허가료·침해배상금 등을 요구하는 행위를 한 경우, 진정한 사용의 의사가 없는 것이 분명한 것으로 판정할 수 있다.

2.2.3. 분쟁상표의 출원인이 부정당한 수단으로 등록받은 상표는 분쟁상표의 출원인 본인이 등록출원한 상표에만 한정되지 않으며, 분쟁상표 출원인과 공모행위를 하였거나, 특정한 신분관계 또는 기타 특정 연계관계가 있는 자가 등록출원한 상표도 포함된다.

七. 상표등록 취소 사건의 심리기준

「상표법」제49조 ① 상표등록인이 등록상표를 사용하는 과정에서, 등록상표, 등록인의 명의·주소 또는 기타 등록사항을 스스로 변경한 경우, 지방 공상행정관리부문이 기간 내에 시정할 것을 명령한다. 기간 내에 시정하지 아니한 경우, 상표국이 그 상표등록을 취소한다.
② 등록상표가 그 지정상품의 보통명칭이 되거나 또는 정당한 이유 없이 연속 3년 동안 사용되지 아니한 경우, 단위 또는 개인은 누구든지 상표국에 그 상표등록의 취소를 청구할 수 있다. 상표국은 청구를 접수한 날로부터 9개월 내에 결정을 내려야 한다. 특수한 사정이 있어 연장이 필요한 경우, 국무원 공상행정관리부문의 허가를 거쳐 3개월을 연장할 수 있다.

「상표법」제54조 상표국의 상표등록 취소 또는 불취소 결정에 대하여 당사자가 불복하는 경우, 통지를 받은 날로부터 15일 내에 상표평심위원회에 복심을 청구할 수 있다. 상표평심위원회는 청구를 접수한 날로부터 9개월 내에 결정을 내리고, 당사자에게 서면으로 통지하여야 한다. 특수한 사정이 있어 연장이 필요한 경우, 국무원 공상행정관리부문의 허가를 거쳐 3개월을 연장할 수 있다. 당사자가 상표평심위원회의 결정에 불복하는 경우, 통지를 받은 날로부터 30일 내에 인민법원에 소를 제기할 수 있다.

「상표법실시조례」제65조 상표법 제49조가 규정하는, 등록상표가 그 지정상품에 통용되는 보통명칭이 되는 상황이 발생한 경우, 단위 또는 개인은 누구든지 상표국에 그 상표등록의 취소를 청구할 수 있으며, 청구할 때에 증거자료를 첨부하여야 한다. 상표국은 수리 후에 상표등록인에게 통지하여 통지를 받은 날로부터 2개월 내에 답변서를 제출하도록 하여야 한다. 기간 내에 답변서를 제출하지 아니한 경우, 상표국의 결정에 영향이 없다.

「상표법실시조례」 제66조 ① 상표법 제49조가 규정하는, 등록상표가 정당한 이유 없이 연속해서 3년 동안 사용되지 아니한 상황이 발생한 경우, 단위 또는 개인은 누구든지 상표국에 그 상표등록의 취소를 청구할 수 있으며, 청구할 때에 관련 상황을 설명하여야 한다. 상표국은 수리 후에 상표등록인에게 통지하여 통지를 받은 날로부터 2개월 내에 그 상표가 취소청구 전에 사용되었다는 증거자료를 제출하거나 또는 불사용의 정당한 이유를 설명하도록 하여야 한다. 기간 내에 사용의 증거자료를 제출하지 아니하거나 또는 증거자료가 무효이고 정당한 이유도 없는 경우, 상표국은 그 상표등록을 취소한다.

② 전항의 사용의 증거자료는 상표등록인이 등록상표를 사용한 증거자료와 상표등록인이 타인이 등록상표를 사용하도록 허가한 증거자료를 포괄한다.

③ 정당한 이유 없이 3년 동안 사용되지 아니하였음을 이유로 상표등록의 취소를 청구하는 경우, 그 등록상표의 등록공고일로부터 만 3년이 지난 후 청구하여야 한다.

「상표법실시조례」 제67조 다음 각호의 경우가 상표법 제49조가 규정하는 정당한 이유에 해당한다.

1. 불가항력
2. 정부의 정책적 제한
3. 파산에 의한 청산
4. 상표등록인의 책임이 아닌 기타 정당한 사유

1. 서 론

상표등록인은 등록상표를 규범 있게 연속해서 사용하고, 등록상표의 식별력을 적극적으로 유지할 법정 의무를 진다. 「상표법」은 등록상표를 스스로 변경하는 행위, 등록상표의 등록인 명의·주소 또는 기타 등록사항을 스스로 변경하는 행위 등을 금지한다.

2. 등록상표를 스스로 변경하였는지에 대한 판정

등록상표를 스스로 변경하였다는 것은 상표등록인 또는 사용허가를 받은 자가 등록상표를 실제로 사용할 때에, 그 상표의 문자·도형·자모·숫자·입체형상·색채조합 등을 임의로 변경하여, 원래 등록받은 상표의 주요 부분과 식별력에 변화를 일으킨 것을 가리킨다. 변경 후의 표장은 원래의 등록상표와 비교하여 동일성이 없는 것으로 인식되기 쉽다.

위와 같은 행위가 있어 지방 공상행정관리부문이 상표등록인에게 기간 내에 시정할 것을 명령하였으나 반발하고 시정하지 않은 경우, 법에 의해 취소한다.

3. 등록상표의 등록인 명의·주소 또는 기타 등록사항을 스스로 변경하였는지에 대한 판정

3.1. 등록상표의 등록인 명의를 스스로 변경하였다는 것은, 상표등록인의 명의(성명 또는 명칭)에 변화가 생긴 후 법에 의해 상표국에 변경신청을 하지 않았거나, 또는 등록상표를 실제로 사용하는 등록인의 명의가 「상표등록부」에 기재된 등록인의 명의와 일치하지 않는 것을 가리킨다.

3.2. 등록상표의 등록인 주소를 스스로 변경하였다는 것은, 상표등록인의 주소에 변화가 생긴 후 법에 의해 상표국에 변경신청을 하지 않았거나, 또는 상표등록인의 실제 주소가 「상표등록부」에 기재된 주소와 일치하지 않는 것을 가리킨다.

3.3. 등록상표의 기타 등록사항을 스스로 변경하였다는 것은, 상표등록인 명의·주소 이외의 기타 등록사항에 변화가 생긴 후 상표등록인이 법에 의해 상표국에 변경신청을 하지 않아서 「상표등록부」에 기재된 관련 사항이 일치하지 않게 된 것을 가리킨다.

위에 설명한 행위 중 하나가 있어 지방 공상행정관리부문이 상표등록인에게 기간 내에 시정할 것을 명령하였지만 시정하지 않은 경우, 법에 의해 취소한다.

4. 등록상표가 그 지정상품의 보통명칭이 되었는지에 대한 판정

4.1. 등록상표가 그 지정상품의 보통명칭이 되었다는 것은, 원래는 식별력이 있었던 등록상표가 시장에서 실제로 사용되는 과정에서 그 지정상품의 보통명칭으로 퇴화된 것을 가리킨다.

4.2. 분쟁상표가 상품의 보통명칭에 해당하는지에 대한 판정에는 「상표심사기준」 제2부 "상표의 식별력 심사"의 "三. 상품에 통용하는 명칭·도형·규격만 있는 경우"를 적용한다.

4.3. 등록상표가 그 지정상품의 보통명칭이 된 시점을 판단함에는, 일반적으로 취소를 청구할 때의 사실상태를 기준으로 해야 하며, 사건을 심리할 때의 사실상태도 참고할 수 있다.

4.4. 적용요건
(1) 등록상표가 그 등록결정 시에는 아직 그 지정상품의 보통명칭이 아니었을 것
(2) 취소가 청구될 때에는 등록상표가 이미 그 지정상품의 보통명칭이 되었을 것.

4.5. 등록상표가 그 지정상품에 통용되는 도형·규격이 된 경우, 이 규정을 참조하여 심리한다.

5. 등록상표의 연속 3년 불사용 판정

5.1. 등록상표를 연속 3년 불사용하였다는 것은, 한 등록상표가 그 유효기간 내에 사용되지 않았고 그 상태가 단절 없이 3년 이상 지속된 것을 가리킨다.

5.2. 연속 3년 등록상표 불사용의 기간은 청구인이 상표국에 그 등록상표의 취소를 청구한 날로부터 시작하여 과거 3년을 추산한다.

5.3. 상표사용의 판정
5.3.1. 상표의 사용은 상표의 상업적 사용을 가리킨다. 상표를 상품, 상품의 포장 또는 용기, 및 상품거래문서에 이용하거나, 또는 상표를 광고선전·전시 및 기타 상업활동 중에 이용하는 것을 포괄하며, 상품의 출처를 식별하는 데 사용하는 행위를 가리킨다.

5.3.2. 상표를 지정상품에 사용하는 구체적인 표현형식으로는 아래와 같은 것이 있다.
(1) 직접부착·각인·낙인 또는 편직 등 방식을 써서 상표를 상품·상품포장·용기·라벨에 부착하거나, 또는 상품표지판·제품설명서·소개책자·가격표 등에 사용
(2) 상품판매계약서·영수증·어음·인수증·상품수출입검역증명서·세관신고서 등에 사용하는 것을 포함하여 상품의 판매와 관련된 거래문서에 사용
(3) 상표를 방송·TV 등 매체에 사용하거나, 또는 공개적으로 발행하는 출판물에 게재하거나, 또는 광고판·우편광고 또는 기타 광고방식으로 상표 또는 상표를 사용한 상품을 광고·선전
(4) 상표를 전람회·박람회에 제공되는 인쇄물 및 기타 자료에 사용하는 것을 포함하여 그 상표를 전람회·박람회에서 사용
(5) 법률의 규정에 부합하는 기타 상표 사용형식.

5.3.3. 상표를 지정서비스에 사용하는 구체적인 표현형식으로는 아래와 같

은 것이 있다.

(1) 서비스 소개책자, 서비스 장소의 간판, 매장의 장식, 종업원의 복장, 포스터, 메뉴판, 가격표, 복권, 사무용품, 편지지 등 지정서비스 관련 용품에 사용하는 것을 포함하여 상표를 서비스 장소에서 직접 사용

(2) 상표를 영수증, 입금표, 서비스 제공 협약, 유지보수 증명서 등과 같은 서비스와 관련된 문서에 사용

(3) 상표를 방송·TV 등 매체에 사용하거나, 또는 공개적으로 발행하는 출판물에 게재하거나, 또는 광고판·우편광고 또는 기타 광고방식으로 상표 또는 상표를 사용한 서비스를 광고·선전

(4) 상표를 전람회·박람회에 제공되는 인쇄물 및 기타 자료에 사용하는 것을 포함하여 그 상표를 전람회·박람회에서 사용

(5) 법률의 규정에 부합하는 기타 상표 사용형식.

5.3.4. 분쟁상표를 연속 3년 불사용하지 않았다는 것은 분쟁상표의 등록인이 증명책임을 진다.

분쟁상표가 3년 연속 불사용되지는 않았음을 증명할 수 있는 증거자료는 아래의 요구에 부합해야 한다.

(1) 사용한 분쟁상표의 표장을 나타낼 수 있어야 한다.

(2) 분쟁상표를 지정상품/서비스에 사용하였음을 나타낼 수 있어야 한다.

(3) 상표등록인 자신뿐만 아니라 상표등록인이 허가한 타인을 포함하여, 분쟁상표의 사용자를 나타낼 수 있어야 한다.

(4) 분쟁상표의 사용시기를 나타낼 수 있어야 하는데, 그 취소청구일로부터 과거 3년 이내이어야 한다.

(5) 분쟁상표가 「상표법」의 효력이 미치는 지역적 범위 내에서 사용되었음을 증명할 수 있어야 한다.

단지 아래의 증거만 제출하는 경우에는, 상표법 의미에서의 상표사용으로 보지 않는다.

(1) 상품 판매 계약서 또는 서비스 제공 협약서·계약서

(2) 서면 증언

(3) 수정 여부를 식별하기 어려운 물증, 시청각 자료, 웹사이트 자료 등

(4) 실물과 복제품.

5.3.5. 아래의 경우에는 상표법 의미에서의 상표사용으로 보지 않는다.

(1) 상표등록정보의 공개 또는 상표등록인의 그 등록상표에 대하여 상표권을 향유한다는 성명

(2) 미공개 상업분야에서의 사용

(3) 증정품에만 사용

(4) 양도 또는 허가행위만 있었을 뿐이고, 실제로는 미사용

(5) 상표등록 유지만을 목적으로 하는 상징적 사용.

5.3.6. 상표등록인이 제출하는 사용증거가 만약 등록상표의 주요 부분 및 식별력을 변경한 경우, 등록상표를 사용한 것으로 인정될 수 없다.

5.3.7. 상표등록인은 그 지정상품에 등록상표를 사용해야 한다. 상표등록인이 지정상품에 등록상표를 사용한 경우, 그 상품과 유사한 상품에 받은 등록은 유지될 수 있다. 상표등록인이 지정상품 이외의 유사상품에 그 등록상표를 사용한 경우는 그 등록상표를 사용한 것으로 볼 수 없다.

八. 유사상품 또는 서비스의 심리기준

1. 서 론

상표는 상품/서비스류에 따라 등록·사용·관리 및 보호되며, 상표 법률에 마련된 상품/서비스류의 유사관계에 의해 상표의 권리 및 보호범위의 크기가 결정된다. 유사상품/서비스의 판정은 상표권 확정 사건 심리의 중요한 내용이다.

「유사상품 및 서비스 구분표」는 중국 상표주관부문이 「상표등록용 상품 및 서비스 국제분류표」를 기초로, 다년간의 유사상품 또는 서비스 구분의 경험을 종합해서 제정하여 대외에 공포한 것이다.

상표등록질서를 바로잡고 심리효율을 높이며 심리기준을 통일시키기 위하여, 상표국·상표평심위원회는 사건을 심리할 때에 원칙적으로 「유사상품 및 서비스 구분표」를 참조해야 한다. 그러나 상품 및 서비스 항목이 계속해서 갱신·발전되고, 시장교역의 상황도 부단히 변화되며, 상표사건도 사건마다 차이가 있으므로, 유사상품 또는 서비스의 판정도 이에 따라 조정될 수 있다.

상표거절복심, 이의신청, 부등록복심, 무효선고복심, 취소, 취소복심 사건의 심리 중에 상품 또는 서비스의 유사여부 판정 문제에 관계되는 경우, 이 기준을 원칙으로 하여 사건별로 판정한다.

2. 유사상품의 판정

2.1. 유사상품은 기능·용도·주요원료·생산부문·판매경로·판매시장·

소비자집단 등 분야에서 동일하거나 또는 비교적 큰 관련성을 갖는 상품을 가리
킨다.

2.2. 유사상품의 판정에는 아래의 각 요소를 종합적으로 고려해야 하고, 단
일 요소를 상품 유사 판정의 유일한 근거로 해서는 안 된다.
(1) 상품의 기능 · 용도
상품의 기능 · 용도는 소비자의 구매 목적을 직접적으로 체현하는 것으로,
상품유사 판정의 중요한 근거이다. 두 종류의 상품이 기능 · 용도에서 서로 동일
또는 유사하여 소비자의 수요를 만족시킬 수 있으면, 유사상품으로 판정될 가능
성이 상대적으로 높다.
두 종류의 상품이 기능 · 용도에서 상호보완적이거나 또는 함께 사용해야
비로소 소비자의 수요를 만족시킬 수 있다면, 유사상품으로 판정될 가능성이 상
대적으로 높다.
(2) 상품의 주요 원재료 · 성분
상품의 주요 원재료 · 성분은 상품의 기능 · 용도를 결정하는 중요 요소 중
하나이다. 두 종류 상품의 주요 원재료 또는 성분이 동일 또는 유사하거나, 또는
서로 대체성이 있으면, 유사상품으로 판정되기 쉽다.
(3) 상품의 판매경로 · 판매장소
두 종류 상품의 판매경로 · 판매장소가 동일 또는 유사하여 소비자가 동시
에 접촉할 수 있는 기회가 많으면, 소비자로 하여금 양자를 연계시키게 하기가
쉬워서 유사상품으로 판정될 수 있다.
(4) 상품의 생산자 · 소비자
두 종류의 상품이 동일한 업계 또는 분야의 생산자가 생산 · 제조 · 가공할
가능성이 클수록, 유사상품으로 판정될 수 있다.
두 종류의 상품이 동일한 업계에 종사하는 자가 소비자집단이거나, 또는 그
소비자집단이 공통적인 특징이 있으면, 유사상품으로 판정될 수 있다.
(5) 상품과 부속품
많은 상품이 여러 부속품으로 구성되지만, 그 상품과 각 부속품 또는 각 부
속품 사이가 모두 당연하게 유사상품에 속하는 것으로 볼 수는 없으며, 양자 사

이 관계가 어느 정도로 밀접한가에 대한 소비자의 통상적인 인식에 근거하여 판단해야 한다.

만약 특정 부속품의 용도가 특정 상품의 기능을 위한 것이고, 그 상품이 그 특정 부속품이 없으면 그 기능을 실현할 수 없거나 또는 그 경제적 효용성을 심각하게 저감하게 된다면 유사상품으로 판정될 수 있다.

(6) 소비습관

유사상품의 판정에는 특정한 사회문화적 배경에서 형성된 중국 소비자의 소비습관을 고려해야 한다. 만약 소비자가 습관적으로 두 종류의 상품을 상호 대체할 수 있다면, 유사상품으로 판정될 수 있다.

(7) 유사상품의 판정과 관련된 기타 요소

3. 유사서비스의 판정

3.1. 유사서비스는 서비스의 목적 · 내용 · 방식 · 대상 등 분야가 동일하거나 또는 비교적 큰 관련성을 갖는 서비스를 가리킨다.

3.2. 유사서비스의 판정에는 아래의 각 요소를 종합적으로 고려해야 하고, 단일 요소를 서비스 유사 판정의 유일한 근거로 해서는 안 된다.

(1) 서비스의 목적

서비스의 목적은 서비스 받는 자의 소비 수요를 직접적으로 체현하는 것으로, 서비스 유사 판정의 중요한 근거이다. 두 서비스에 동일 또는 유사한 목적이 있어 일반 서비스 수요자의 동일 또는 유사한 수요를 만족시킬 수 있는 경우, 유사서비스로 판정될 수 있는 가능성이 상대적으로 크다.

(2) 서비스의 내용과 방식

서비스의 내용과 방식은 서비스 제공자가 소비자의 수요를 만족시키기 위해 취하는 구체적인 행위 · 조치 및 수단이다. 두 서비스의 내용 · 방식이 유사할수록, 유사서비스로 판정될 가능성도 커진다.

(3) 서비스의 장소

두 서비스의 서비스 장소가 동일하여 일반적인 서비스 받는 자가 동시에 접촉할 수 있는 기회가 상대적으로 크면, 유사서비스로 판정될 수 있다.

(4) 서비스의 제공자 · 대상

두 서비스의 제공자가 동일한 업계 또는 분야의 자이고, 서비스 받는 자도 동일 또는 유사한 소비자 집단에 속해 있으면, 유사서비스로 판정될 수 있다.

(5) 유사서비스의 판정에 영향을 주는 기타 관련 요소

4. 상품과 서비스가 유사한지에 관한 판정

4.1. 상품과 서비스의 유사는 상품과 서비스 사이에 비교적 큰 관련성이 있어서, 관련 공중으로 하여금 상품과 서비스가 동일한 시장주체에 의해 제공되는 것으로 인식하게 하기 쉬운 것을 가리킨다.

4.2. 상품과 서비스의 유사여부 판정은 상품과 서비스 사이 연계의 밀접한 정도, 용도 · 사용자 · 통상효용 · 판매경로 · 판매습관 등 분야의 일치성을 종합적으로 고려해야 한다.

九. 사용으로 식별력을 취득한 표장의 심리 기준

「상표법」 제11조 ① 다음 각 호의 표장은 상표로 등록할 수 없다.

1. 그 상품에 통용되는 명칭 · 도형 · 규격만 있는 경우

2. 상품의 품질 · 주요원료 · 기능 · 용도 · 중량 · 수량 및 기타 특징만을 직접적으로 표시하는 경우

3. 식별력이 결여된 기타의 경우

② 전항에서 열거된 표장이 사용을 통해서 식별력을 취득하고 식별에 편리한 경우, 상표로 등록할 수 있다.

1. 「상표법」 제11조 제1항 각호와 같은 상표가 사용을 통해서 관련 공중이 그 사용자가 제공하는 상품/서비스를 식별할 수 있게 된 표장인 경우, 「상표법」 제11조 제2항 규정에 따라 그것이 상표로 등록될 수 있는지를 판정해야 한다.

예 1_ 치약   예 2_ 구두약

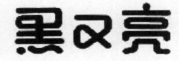

2. 「상표법」 제11조 제2항 규정에 따라 어떤 표장이 사용을 통해 식별력을 취득하였는지를 판정함에는 아래의 요소를 종합적으로 고려해야 한다.

(1) 관련 공중의 그 표장에 대한 인지 상황

(2) 그 표장이 지정상품/서비스에 실제로 사용된 시간·방식 및 동 업계의 사용 상황

(3) 그 표장을 사용한 상품/서비스의 판매량·영업액 및 시장점유율

(4) 그 표장을 사용한 상품/서비스의 광고선전 상황 및 범위

(5) 그 표장으로 하여금 식별력을 취득하게 하는 기타 요소.

3. 어떤 표장이 사용을 통해 식별력을 취득하였는지를 판정함에는 국내 관련 공중의 인지를 기준으로 한다. 만약 당사자가 그 표장이 사용을 통해서 식별력을 취득했다고 주장한다면, 이에 나아가 상응하는 증거자료를 제출하여 증명해야 한다. 그 표장의 사용상황을 증명하는 데 사용되는 증거자료는 사용된 상표표장, 상품/서비스, 사용의 시기 및 그 표장의 사용자를 나타낼 수 있어야 한다. 그 표장의 사용자는 상표등록출원인 및 상표사용의 허가를 받은 자를 포괄한다.

4. 사용을 통해 식별력을 취득한 표장을 등록출원한 경우, 실제 사용한 표장과 기본적으로 일치해야 하고, 그 표장의 식별력 있는 부분을 개변해서는 안 되며, 실제 사용한 상품 또는 서비스로 한정되어야 한다. 만약 그 표장을 다른 표장과 함께 사용한 것과 같은 상황이라면, 더 나아가 그 표장을 다른 표장의 식별력 있는 부분과 구별하여, 그 표장 자체가 사용을 통해서 식별력을 취득하였는지에 대해서 판단해야 한다.

5. 어떤 표장이 사용을 통해 식별력을 취득했는지에 대한 판정은 거절복심사건·부등록복심사건에서는 심리 시의 사실상태를 기준으로 하며, 무효선고사건은 원칙적으로 분쟁상표의 등록출원 시의 사실상태를 기준으로 하되 심리 시의 사실상태를 참고한다.

┼. 이해관계인의 인정

「상표법」제33조 출원공고된 상표가 이 법 제13조 제2항 및 제3항, 제15조, 제16조 제1항, 제30조, 제31조, 제32조 규정을 위반한다고 여기는 선권리자·이해관계인, 또는 이 법 제10조, 제11조, 제12조 규정을 위반한다고 여기는 자는 누구든지 공고일로부터 3개월 내에 상표국에 이의신청을 할 수 있다. 공고기간 내에 이의가 없는 경우 등록결정하며, 상표등록증을 발급하고 공고한다.

「상표법」제45조 ① 이미 등록된 상표가 이 법 제13조 제2항 및 제3항, 제15조, 제16조 제1항, 제30조, 제31조, 제32조 규정을 위반한 경우, 상표등록일로부터 5년 내에, 선권리자 또는 이해관계인은 상표평심위원회에 그 등록상표의 무효선고를 청구할 수 있다. 악의로 등록받은 경우, 유명상표의 소유자는 5년의 시간적 제한을 받지 아니한다.

1. 서 론

「상표법」제33조 및 제45조가 규정하는 "선권리자 또는 이해관계인"은 상대적인 이유로 이의신청·무효선고를 청구할 수 있는 주체적 적격에 대한 요구이다. 그 중에서 선권리자는 상표권을 포함한, 법률의 보호를 받는 모든 합법적 선권리자를 가리키며, 이해관계인은 위의 선권리의 이익과 관련 있는 자를 가리킨다.

2. 이해관계인

아래의 주체는 선권리의 이해관계인으로 인정될 수 있다.

(1) 선상표권 및 기타 선권리 사용의 피허가자

(2) 선상표권 및 기타 선권리의 합법적 승계인

(3) 선상표권의 질권자

(4) 선상표권 및 기타 선권리와 이해관계가 있음을 증명할 수 있는 증거가 있는 기타 주체.

청구인이 이해관계가 있는지를 판단함에는 원칙적으로 이의신청을 할 때 또는 무효선고를 청구할 때를 기준으로 한다. 청구 시에는 이해관계가 없었으나, 사건의 심리 시에는 이미 이해관계가 있는 경우, 이해관계인으로 인정해야 한다.

부 록

중화인민공화국 상표법

1982년 8월 23일 제5기 전국인민대표대회 상무위원회 제24차 회의 통과

1993년 2월 22일 제7기 전국인민대표대회 상무위원회 제30차 회의의 《「중화인
민공화국 상표법」 개정에 관한 결정》에 근거하여 제1차 개정

2001년 10월 27일 제9기 전국인민대표대회 상무위원회 제24차 회의의 《「중화
인민공화국 상표법」 개정에 관한 결정》에 근거하여 제2차 개정

2013년 8월 30일 제12기 전국인민대표대회 상무위원회 제4차 회의의 《「중화인
민공화국 상표법」 개정에 관한 결정》에 근거하여 제3차 개정

목 차

제1장 총 칙

제1조 상표관리를 강화하고, 상표권을 보호하며, 생산 · 경영자의 상품 및 서비
스 품질 보증을 독려하고, 상표의 신용을 보호하며, 소비자와 생산 · 경영자의
이익을 보장함으로써 사회주의 시장경제의 발전을 촉진하기 위하여 특별히
이 법을 제정한다.

제2조 ① 국무원 공상행정관리부문 상표국은 전국의 상표등록 및 관리 업무를 주관한다.

② 국무원 공상행정관리부문은 상표분쟁사무를 책임지는 상표평심위원회를 설립한다.

제3조 ① 상표국의 심사를 거쳐 등록된 상표가 등록상표이며, 상품상표·서비스 상표 및 단체표장·증명표장을 포괄한다. 상표등록인이 향유하는 상표권은 법률의 보호를 받는다.

② 이 법의 단체표장은, 단체·협회 또는 기타 조직의 명의로 등록되어, 그 조직 구성원에게 상사활동에 사용하도록 제공되고, 사용자의 그 조직 구성원으로서의 자격을 표명하는 표장을 가리킨다.

③ 이 법의 증명표장은, 어떤 상품 또는 서비스에 대한 감독능력을 갖춘 조직에 의해 관리되지만, 그 조직 이외의 단위 또는 개인에 의해 그 상품 또는 서비스에 사용되며, 사용함으로써 그 상품 또는 서비스의 원산지·원료·제조방법·품질 또는 기타 특정한 품질을 증명하는 표장을 가리킨다.

④ 단체표장·증명표장의 등록 및 관리에 관한 특수사항은 국무원 공상행정관리부문이 규정한다.

제4조 ① 자연인·법인 또는 기타 조직이 생산경영활동 중에 그 상품 또는 서비스에 대하여 상표권을 취득할 필요가 있는 경우, 상표국에 상표등록출원을 하여야 한다.

② 이 법의 상품상표에 관한 규정은 서비스상표에도 적용된다.

제5조 둘 이상의 자연인·법인 또는 기타 조직은 동일한 상표를 상표국에 공동으로 등록출원하고, 상표권을 공동으로 향유 및 행사할 수 있다.

제6조 법률·행정법규가 반드시 등록상표를 사용하여야 한다고 규정한 상품은 반드시 상표등록출원을 하여야 하고, 등록받지 아니한 경우 시장에서 판매할 수 없다.

제7조 ① 상표의 등록출원과 사용은 신의성실의 원칙을 준수하여야 한다.

② 상표사용자는 상표를 사용하는 그 상표의 품질에 대하여 책임을 져야 한다. 각급 공상행정관리부문은 상표관리를 통하여 소비자를 기만하는 행위를 제지하여야 한다.

제8조 문자·도형·자모(字母)·숫자·3차원표장·색채조합 및 소리 등, 그리고 위 요소의 조합을 포함하여, 자연인·법인 또는 기타 조직의 상품을 타인의 상품과 구별하게 할 수 있는 표장은 어떠한 것이라도 모두 상표등록출원할 수 있다.

제9조 ① 등록출원한 상표는 식별력이 있어 식별에 편리하여야 하며, 타인이 먼저 취득한 합법적 권리와 충돌해서는 아니 된다.

② 상표등록인은 "등록상표"임을 표시하거나 또는 등록받았음을 표시할 권리가 있다.

제10조 ① 다음 각 호의 표장은 상표로 사용할 수 없다.

1. 중화인민공화국의 국가명칭·국기(国旗)·국휘(国徽)·국가(国歌)·군기(军旗)·군휘(军徽)·군가(军歌)·훈장(勋章) 등과 동일 또는 유사한 경우 및 중앙국가기관의 명칭·표장·소재지특정지점의 명칭 또는 표지적 건축물의 명칭·도형과 동일한 경우

2. 외국의 국가명칭·국기(国旗)·국휘(国徽)·군기(军旗) 등과 동일 또는 유사한 경우, 다만 그 국가정부의 동의를 받은 경우는 제외한다.

3. 정부 간 국제기구의 명칭·깃발(旗帜)·휘기(徽记) 등과 동일 또는 유사한 경우, 다만 그 기구의 동의를 받았거나 또는 공중을 쉽게 오인하게 하지 아니하는 경우는 제외한다.

4. 감독·보증을 나타내는 정부표장·점검인장과 동일 또는 유사한 경우, 다만 권한을 받은 경우는 제외한다.

5. "적십자", "적신월"의 명칭·표장과 동일 또는 유사한 경우

6. 민족 차별성을 띠는 경우

7. 기만성이 있어, 공중으로 하여금 상품의 품질 등 특징 또는 산지에 대하여 오인하게 하기 쉬운 경우

8. 사회주의 도덕기풍에 해롭거나 또는 기타 부정적 영향이 있는 경우

② 현급(县级) 이상 행정구역의 지명 또는 공중이 알고 있는 외국지명은 상표로 할 수 없다. 다만, 지명에 기타 의미가 있거나 또는 단체표장·증명표장의 구성부분으로 하는 경우는 제외한다. 지명을 이용한 상표로, 이미 등록된 것은 계속해서 유효하다.

제11조 ① 다음 각 호의 표장은 상표로 등록할 수 없다.

1. 그 상품에 통용되는 명칭·도형·규격만 있는 경우

2. 상품의 품질·주요원료·기능·용도·중량·수량 및 기타 특징만을 직접적으로 표시하는 경우

3. 식별력이 결여된 기타의 경우

② 전항에서 열거된 표장이 사용을 통해서 식별력을 취득하고 식별에 편리한 경우, 상표로 등록할 수 있다.

제12조 3차원표장으로 상표등록출원하는 경우, 단지 상품 자체의 성질로부터 생성된 형상, 기술적 효과를 얻기 위해 필요한 상품의 형상 또는 상품으로 하여금 실질적 가치를 갖게 하기 위한 형상은 등록받을 수 없다.

제13조 ① 관련 공중에게 익숙하게 알려진 상표의 소유자가 그 권리가 침해받고 있다고 여기는 때에는, 이 법 규정에 의하여 유명상표로의 보호를 청구할 수 있다.

② 동일 또는 유사한 상품에 대하여 등록출원한 상표가 타인이 중국에서 아직 등록받지 아니한 유명상표를 복제·모방 또는 번역한 것이어서 혼동을 일으키기 쉬운 경우, 등록해 주지 아니하고 사용을 금지한다.

③ 동일하지 아니하고 유사하지 아니한 상품에 대해서 등록출원한 상표가 타인이 중국에서 이미 등록받은 유명상표를 복제·모방 또는 번역한 것이어서 공중을 오도하고 그 유명상표 등록인의 이익에 손해를 입힐 수 있는 경우, 등록해 주지 아니하고 사용을 금지한다.

제14조 ① 유명상표는 당사자의 청구에 근거하여 관련 상표사건의 처리에 필요한 사실로서 인정하여야 한다. 유명상표의 인정에는 다음 각 호의 요소를 고려하여야 한다.

1. 관련 공중이 그 상표에 대해 알고 있는 정도

2. 그 상표사용의 지속시간

3. 그 상표의 모든 광고 지속시간·정도 및 지리적 범위

4. 그 상표가 유명상표로 보호받은 기록

5. 그 상표의 유명에 관한 기타 요소

② 상표등록의 심사, 공상행정관리부문의 상표위법사건 처리 과정에서, 당사

자가 이 법 제13조 규정에 의해 권리를 주장하는 경우, 상표국은 심사·처리 사건의 필요에 근거하여, 유명상표인지에 대해서 인정할 수 있다.

③ 상표분쟁 처리 과정에서, 당사자가 이 법 제13조 규정에 의해 권리를 주장하는 경우, 상표평심위원회는 처리하는 사건의 필요에 근거하여, 유명상표인지에 대해서 인정할 수 있다.

④ 상표 민사·행정사건의 심리 과정에서, 당사자가 이 법 제13조 규정에 의해 권리를 주장하는 경우, 최고인민법원이 지정하는 인민법원은 심리사건의 필요에 근거하여, 유명상표인지에 대해서 인정할 수 있다.

⑤ 생산·경영자는 "유명상표" 문구를 상품·상품표장 또는 용기에 사용하거나, 또는 광고선전·전람 및 기타 상업활동에 사용해서는 아니 된다.

제15조 ① 권한을 받지 아니한 대리인 또는 대표자가 자기의 명의로 피대리인 또는 피대표자의 상표에 대해서 등록을 진행하여 피대리인 또는 피대표자가 이의를 신청하는 경우, 등록해 주지 아니하고 사용을 금지한다.

② 동일 종류 상품 또는 유사 상품에 대하여 등록출원한 상표가 타인이 선사용하였지만 등록받지 아니한 상표와 동일 또는 유사하고, 출원인이 그 타인과 전항 규정 이외의 계약·업무관계 또는 기타 관계가 있어 그 타인의 상표가 존재함을 분명히 알고 있었고 그 타인이 이의를 신청하는 경우, 등록해 주지 아니한다.

제16조 ① 상표에 상품의 지리적 표시가 있지만 그 상품이 그 표시하는 지역에서 유래하지 아니하여 공중을 오도하는 경우, 등록해 주지 아니하고 사용을 금지한다. 그러나 이미 선의로 등록받은 경우 계속해서 유효하다.

② 전항의 지리적 표시는, 어떤 상품이 어떤 지역에서 유래하고, 그 상품의 특정 품질·신용 또는 기타 특징이 주로 그 지역의 자연적 요소 또는 인문적 요소에 의해 결정되었음을 표시하는 표장을 가리킨다.

제17조 외국인 또는 외국기업이 중국에서 상표등록출원하는 경우, 그 소속 국가와 중화인민공화국이 체결한 협약 또는 공동으로 가입한 국제조약에 따라 처리하거나, 또는 동등성의 원칙에 따라 처리한다.

제18조 ① 상표등록출원 또는 기타 상표사무는 스스로 처리할 수도 있고, 법에 의해 설립된 상표대리기구에 위임하여 처리할 수도 있다.

② 외국인 또는 외국기업이 중국에서 상표등록출원을 하고 기타 상표사무를 처리하는 경우, 법에 의해 설립된 상표대리기구에 위임하여 처리하여야 한다.

제19조 ① 상표대리기구는 신의성실의 원칙을 준수하고, 법률·행정법규를 준수하며, 피대리인의 위임에 따라 상표등록출원 또는 기타 상표사무를 처리하여야 한다. 대리과정에서 알게 된 피대리인의 영업비밀에 대해서는 비밀유지의 의무를 진다.

② 위임인이 등록출원하는 상표에 이 법이 규정하는 등록받을 수 없는 사유가 있는 경우, 상표대리기구는 위임인에게 명확히 고지하여야 한다.

③ 상표대리기구가 위임인의 등록출원 상표가 이 법 제15조 및 제32조가 규정하는 경우에 속하는 것임을 알았거나 또는 알 수 있었던 경우에는, 그 위임을 받아서는 아니 된다.

④ 상표대리기구는 그 대리서비스업에 대한 상표등록출원 이외에, 기타 상표를 등록출원해서는 아니 된다.

제20조 상표대리업계조직은 받아들이는 회원의 자격요건을 정관의 규정에 따라 엄격히 집행하고, 업계 자율규범을 위반한 회원에 대해서 징계를 시행한다. 상표대리업계조직은 그 받아들인 회원과 회원에 대한 징계 상황에 대해서 신속히 사회에 공개하여야 한다.

제21조 국제상표등록은 중화인민공화국이 체결한 또는 가입한 유관 국제조약이 확립한 제도를 따르며, 구체적인 방법은 국무원이 규정한다.

제2장 상표등록출원

제22조 ① 상표등록 출원인은 규정된 상품분류표에 따라 사용상표의 상품분류와 상품명칭을 기입하여 등록출원하여야 한다.

② 상표등록 출원인은 하나의 출원으로 여러 분류의 상품에 대하여 동일한 상표를 등록출원할 수 있다.

③ 상표등록출원 등 관련 서류는, 서면방식이나 디지털 전자문서방식으로 제출할 수 있다.

제23조 등록된 사용범위 이외의 상품에서도 등록상표의 상표권을 취득하고자 하는 경우, 별도로 등록출원하여야 한다.

제24조 등록상표에서 그 표장을 고치고자 하는 경우, 등록출원을 다시 하여야 한다.

제25조 ① 상표등록 출원인이 그 상표를 외국에 최초로 상표등록출원한 날로부터 6개월 내에, 중국에서 동일한 상품에 대해서 동일한 상표로 상표등록출원하는 경우, 그 외국이 중국과 체결한 협약 또는 공동으로 가입한 국제조약에 따라서, 또는 상호 승인한 우선권 원칙에 따라서, 우선권을 향유할 수 있다.

② 전항에 따라서 우선권을 주장하는 경우, 상표등록출원을 할 때에 서면으로 분명하게 밝혀야 하고, 3개월 내에 최초 상표등록출원서류의 부본을 제출하여야 한다. 서면으로 분명하게 밝히지 아니하였거나 또는 기간 내에 상표등록출원서류의 부본을 제출하지 아니한 경우, 우선권을 주장하지 아니한 것으로 본다.

제26조 ① 상표가 중국정부가 주최 또는 승인한 국제박람회에 전시된 상품에서 최초로 사용된 경우, 그 상품이 전시된 날로부터 6개월 내에, 그 상표의 등록출원인은 우선권을 향유할 수 있다.

② 전항에 따라서 우선권을 주장하는 경우, 상표등록출원을 할 때에 서면으로 분명하게 밝혀야 하고, 3개월 내에 그 상품을 전시한 박람회의 명칭, 전시한 상품에 그 상표를 사용하였다는 증거, 전시기간 등 증명서류를 제출하여야 한다. 서면으로 분명하게 밝히지 아니하였거나 또는 기간 내에 상표등록출원서류의 부본을 제출하지 아니한 경우, 우선권을 주장하지 아니한 것으로 본다.

제27조 상표등록출원을 위해 신고된 사항 및 제공된 자료는 진실·정확·완정하여야 한다.

제3장 상표등록의 심사

제28조 등록출원한 상표에 대해서, 상표국은 상표등록출원서류를 접수한 날로부터 9개월 내에 심사를 완료하고, 이 법의 관련 규정에 부합하는 경우, 출원

공고하여야 한다.

제29조 심사과정에서 상표국이 상표등록출원의 내용에 설명 또는 수정이 필요하다고 보는 경우, 출원인에게 설명하거나 수정하도록 요구할 수 있다. 출원인이 설명 또는 수정하지 아니하는 경우, 상표국의 심사결정에 영향이 없다.

제30조 등록출원한 상표가 무릇 이 법의 관련 규정에 부합하지 아니하거나 또는 동일한 상품 또는 유사한 상품에 이미 등록된 또는 출원공고결정된 타인의 상표와 동일 또는 유사한 경우, 상표국은 출원을 거절하고 공고하지 아니한다.

제31조 둘 또는 둘 이상의 상표등록 출원인이 동일한 상품 또는 유사한 상품에 동일 또는 유사한 상표를 등록출원한 경우, 선출원 상표를 출원공고결정하고 공고한다. 동일한 날에 출원한 경우, 선사용 상표를 출원공고결정하고 공고하며, 기타 출원인의 출원은 거절하고 공고하지 아니한다.

제32조 상표등록출원으로 타인의 현존하는 선권리에 손해를 입혀서는 아니 되며, 또한 타인이 이미 사용하고 있고 일정한 영향력이 있는 상표를 부정당한 수단으로 먼저 등록해서도 아니 된다.

제33조 출원공고된 상표가 이 법 제13조 제2항 및 제3항, 제15조, 제16조 제1항, 제30조, 제31조, 제32조 규정을 위반한다고 여기는 선권리자·이해관계인, 또는 이 법 제10조, 제11조, 제12조 규정을 위반한다고 여기는 자는 누구든지 공고일로부터 3개월 내에 상표국에 이의신청을 할 수 있다. 공고기간 내에 이의가 없는 경우 등록결정하며, 상표등록증을 발급하고 공고한다.

제34조 출원을 거절하여 공고하지 아니한 상표에 대해서, 상표국은 상표등록 출원인에게 서면으로 통지하여야 한다. 상표등록 출원인이 불복하는 경우, 통지를 받은 날로부터 15일 내에 상표평심위원회에 복심을 청구할 수 있다. 상표평심위원회는 청구를 접수한 날로부터 9개월 내에 결정하고, 청구인에게 서면으로 통지하여야 한다. 특수한 사정이 있어 연장이 필요한 경우, 국무원 공상행정관리부문의 허가를 받아 3개월을 연장할 수 있다. 당사자가 상표평심위원회의 결정에 불복하는 경우, 통지를 받은 날로부터 30일 내에 인민법원에 소를 제기할 수 있다.

제35조 ① 출원공고된 상표에 대해서 이의신청이 있는 경우, 상표국은 이의신청인과 피이의신청인이 진술하는 사실과 이유를 청취하고, 조사와 확인을 거친

후 공고기간의 만료일로부터 12개월 내에 상표등록 여부를 결정하며, 이의신청인과 피이의신청인에게 서면으로 통지하여야 한다. 특수한 사정이 있어 연장이 필요한 경우, 국무원 공상행정관리부문의 허가를 받아 6개월을 연장할 수 있다.

② 상표국이 등록결정하는 경우, 상표등록증서를 발급하고 공고한다. 이의신청인이 불복하는 경우, 이 법 제44조 및 제45조 규정에 따라 상표평심위원회에 그 등록상표의 무효선고를 청구할 수 있다.

③ 상표국이 부등록결정하고 피이의신청인이 불복하는 경우, 통지를 받은 날로부터 15일 내에 상표평심위원회에 복심을 청구할 수 있다. 상표평심위원회는 청구를 접수한 날로부터 12개월 내에 복심결정을 하고, 이의신청인과 피이의신청인에게 서면으로 통지하여야 한다. 특수한 사정이 있어 연장이 필요한 경우, 국무원 공상행정관리부문의 허가를 받아 6개월을 연장할 수 있다. 피이의신청인이 상표평심위원회의 결정에 불복하는 경우, 통지를 받은 날로부터 30일 내에 인민법원에 소를 제기할 수 있다. 인민법원은 이의신청인에게 제3자로서 소송에 참가하도록 통지하여야 한다.

④ 상표평심위원회가 전항 규정에 따라 복심을 진행하는 과정에서, 관계되는 선권리의 확정이 현재 인민법원이 심리하고 있는 또는 행정기관이 처리하고 있는 다른 사건의 결과를 근거로 하는 경우, 심사를 중지할 수 있다. 중지의 원인이 해소된 후에는 심사절차를 재개하여야 한다.

제36조 ① 법정기간이 만료되고도, 당사자가 상표국의 출원거절결정·부등록결정에 대해서 복심을 청구하지 아니하거나 또는 상표평심위원회의 복심결정에 대해서 인민법원에 소를 제기하지 아니하는 경우, 출원거절결정·부등록결정 또는 복심결정은 효력을 발생한다.

② 심사를 거쳐 이의 불성립으로 등록된 상표에 있어서, 상표등록 출원인의 상표권 취득시간은 출원공고 만 3개월이 되는 날로부터 계산한다. 그 상표의 공고기간 만료일로부터 등록결정 전에, 타인이 동일 또는 유사한 상품에 그 상표와 동일 또는 유사한 표장을 사용하는 행위에는 소급력이 없다. 그러나 그 사용자가 악의로 상표등록인에게 손해를 입힌 경우, 배상하여야 한다.

제37조 상표등록출원 및 상표복심청구에 대해서 신속히 심사를 진행하여야 한

다.

제38조 ① 상표등록 출원인 또는 등록인이 상표출원서류 또는 등록문서에 명백한 착오가 있음을 발견한 경우, 경정을 신청할 수 있다. 상표국은 법에 의해 그 직권의 범위 내에서 경정하고, 당사자에게 통지한다.

② 전항에서의 착오의 경정은 상표출원서류 또는 등록문서의 실질적 내용에는 미치지 아니한다.

제4장 상표등록의 갱신·변경·양도 및 사용허가

제39조 등록상표의 유효기간은 10년이며, 등록결정일로부터 계산한다.

제40조 ① 등록상표의 유효기간이 만료되고도 계속해서 사용할 필요가 있는 경우, 상표등록인은 기간만료 전 12개월 내에 규정에 따라 갱신절차를 밟아야 한다. 이 기간 내에 처리하지 아니한 경우, 6개월의 유예기간을 줄 수 있다. 매 회 갱신등록의 유효기간은 10년이고, 그 상표의 직전 유효기간 만료일의 다음날로부터 계산한다. 기간 내에 갱신절차를 밟지 아니한 경우, 그 등록상표를 말소한다.

② 상표국은 갱신등록된 상표에 대해서 공고하여야 한다.

제41조 등록상표에서 등록인의 명의·주소 또는 기타 등록사항을 변경할 필요가 있는 경우, 변경신청을 하여야 한다.

제42조 ① 등록상표를 양도하는 경우, 양도인과 양수인은 양도계약을 체결하고, 상표국에 공동으로 신청하여야 한다. 양수인은 그 등록상표를 사용하는 상품의 품질을 보증하여야 한다.

② 등록상표를 양도하는 경우, 상표등록인은 그 동일 상품에 등록한 유사상표 또는 유사상품에 등록한 동일 또는 유사상표에 대해서도 함께 양도하여야 한다.

③ 혼동을 일으키기 쉽거나 또는 기타 부정적 영향이 있는 양도에 대해서는, 상표국이 허가하지 아니하고 신청인에게 서면으로 통지하여 이유를 설명한다.

④ 등록상표의 양도는 허가한 후에 공고한다. 양수인은 공고된 날로부터 상표권을 향유한다.

제43조 ① 상표등록인은 상표사용허가계약을 체결함으로써 타인이 그 등록상표를 사용하도록 허가할 수 있다. 허가자는 그 등록상표를 사용하는 피허가자 상품의 품질을 감독하여야 한다. 피허가자는 그 등록상표를 사용하는 상품의 품질을 보증하여야 한다.

② 타인에게 그 등록상표의 사용을 허가하는 경우, 허가자는 그 상표사용허가를 상표국에 등록하여야 하고, 상표국이 공고한다. 상표사용허가를 등록하지 아니한 경우 선의의 제3자에게 대항할 수 없다.

제5장 등록상표의 무효선고

제44조 ① 이미 등록된 상표가 이 법 제10조, 제11조 및 제12조 규정을 위반한 경우, 또는 기만적 수단 또는 기타 부정당한 수단으로 등록된 경우, 상표국은 그 등록상표를 무효로 선고한다. 기타 단위 또는 개인은 상표평심위원회에 그 등록상표의 무효선고를 청구할 수 있다.

② 상표국이 등록상표를 무효로 선고하는 결정을 하는 경우, 당사자에게 서면으로 통지하여야 한다. 당사자가 상표국의 결정에 불복하는 경우, 통지를 받은 날로부터 15일 내에 상표평심위원회에 복심을 청구할 수 있다. 상표평심위원회는 청구를 접수한 날로부터 9개월 내에 결정하고, 당사자에게 서면으로 통지하여야 한다. 특수한 사정이 있어 연장이 필요한 경우, 국무원 공상행정 관리부문의 허가를 거쳐, 3개월을 연장할 수 있다. 당사자가 상표평심위원회의 결정에 불복하는 경우, 통지를 받은 날로부터 30일 내에 인민법원에 소를 제기할 수 있다.

③ 기타 단위 또는 개인이 상표평심위원회에 등록상표의 무효선고를 청구하는 경우, 상표평심위원회는 청구를 접수한 후 관련 당사자에게 서면으로 통지하여 기간 내에 답변서를 제출하게 하여야 한다. 상표평심위원회는 청구를 접수한 날로부터 9개월 내에 등록상표 유지 또는 등록상표 무효선고의 재정을

하고, 당사자에게 서면으로 통지하여야 한다. 특수한 사정이 있어 연장이 필요한 경우, 국무원 공상행정관리부문의 허가를 거쳐 3개월을 연장할 수 있다. 당사자가 상표평심위원회의 재정에 불복하는 경우, 통지를 받은 날로부터 30일 내에 인민법원에 소를 제기할 수 있다. 인민법원은 상표 재정 절차의 상대방 당사자에게 제3자로 소송에 참가하도록 통지하여야 한다.

제45조 ① 이미 등록된 상표가 이 법 제13조 제2항 및 제3항, 제15조, 제16조 제1항, 제30조, 제31조, 제32조 규정을 위반한 경우, 상표등록일로부터 5년 내에, 선권리자 또는 이해관계인은 상표평심위원회에 그 등록상표의 무효선고를 청구할 수 있다. 악의로 등록받은 경우, 유명상표의 소유자는 5년의 시간적 제한을 받지 아니한다.

② 상표평심위원회는 상표등록 무효선고 청구를 접수한 후, 관련 당사자에게 서면으로 통지하여 기간 내에 답변서를 제출하게 하여야 한다. 상표평심위원회는 청구를 접수한 날로부터 12개월 내에 등록상표의 유지 또는 등록상표의 무효선고 재정을 하고, 당사자에게 서면으로 통지하여야 한다. 특수한 사정이 있어 연장이 필요한 경우, 국무원 공상행정관리부문의 허가를 거쳐 6개월을 연장할 수 있다. 당사자가 상표평심위원회의 재정에 불복하는 경우, 통지를 받은 날로부터 30일 내에 인민법원에 소를 제기할 수 있다. 인민법원은 상표 재정 절차의 상대방 당사자에게 제3자로 소송에 참가하도록 통지하여야 한다.

③ 상표평심위원회가 전항 규정에 따라 무효선고청구에 대하여 심사하는 과정에서, 관계되는 선권리를 반드시 인민법원이 현재 심사 중인 또는 행정기관이 현재 처리 중인 다른 사건의 결과를 근거로 확정하여야 하는 경우, 심사를 중지할 수 있다. 중지의 원인이 해소된 후, 심사절차를 재개하여야 한다.

제46조 법정기간이 만료될 때까지, 당사자가 상표국의 등록상표 무효선고결정에 대하여 복심을 청구하지 아니한 경우 또는 상표평심위원회의 복심결정, 등록상표 유지 재정 또는 등록상표 무효선고 재정에 대해서 인민법원에 소를 제기하지 아니한 경우, 상표국의 결정 또는 상표평심위원회의 복심결정·재정은 효력을 발생한다.

제47조 ① 이 법 제44조 및 제45조 규정에 따라 무효로 선고된 등록상표는 상표

국이 공고하며, 그 등록상표권은 처음부터 없었던 것으로 본다.

② 등록상표의 무효선고 결정 또는 재정은 무효선고 전에 인민법원이 내려서 이미 집행한 상표침해사건의 판결·재정·조정, 공상행정관리부문이 내려서 이미 집행한 상표침해사건의 처리결정 및 이미 이행한 상표 양도 또는 사용허가계약에 소급력이 없다. 그러나 상표등록인이 악의로 타인에게 손해를 입힌 경우에는 배상하여야 한다.

③ 전항 규정에 따라서 상표침해배상금·상표양도료·상표사용료를 반환하지 아니하는 것이 공평의 원칙에 명백히 반하는 경우, 전부 또는 일부를 반환하여야 한다.

제6장 상표사용의 관리

제48조 이 법에서의 상표의 사용은 상표를 상품, 상품 포장 또는 용기 및 상품교역 문서에 이용하거나, 또는 상표를 광고선전·전시 및 기타 상업활동에 이용하여, 상품의 출처를 식별하는 데 이용하는 행위를 가리킨다.

제49조 ① 상표등록인이 등록상표를 사용하는 과정에서 등록상표, 등록인의 명의·주소 또는 기타 등록사항을 스스로 변경한 경우, 지방 공상행정관리부문이 기간 내에 시정할 것을 명령한다. 기간 내에 시정하지 아니한 경우, 상표국이 그 상표등록을 취소한다.

② 등록상표가 그 지정상품의 보통명칭이 되거나 또는 정당한 이유 없이 연속 3년 동안 사용되지 아니한 경우, 단위 또는 개인은 누구든지 상표국에 그 상표등록의 취소를 청구할 수 있다. 상표국은 청구를 접수한 날로부터 9개월 내에 결정을 내려야 한다. 특수한 사정이 있어 연장이 필요한 경우, 국무원 공상행정관리부문의 허가를 거쳐 3개월을 연장할 수 있다.

제50조 등록상표가 취소되었거나, 무효로 선고되었거나 또는 기간 내에 갱신등록되지 아니한 경우, 취소·무효선고 또는 말소된 날로부터 1년 내에, 상표국은 그 상표와 동일 또는 유사한 상표의 상표등록출원에 대해서 등록결정하지 아니한다.

제51조 이 법 제6조 규정을 위반한 경우, 지방 공상행정관리부문이 기간 내에 등록출원할 것을 명령하고, 위법경영액이 인민폐 5만원 이상인 경우, 위법경영액의 100분의 20 이하의 과태료에 처할 수 있으며, 위법경영액이 없거나 또는 인민폐 5만원 미만인 경우, 인민폐 1만원 이하의 과태료에 처할 수 있다.

제52조 미등록상표를 등록상표로 사칭하여 사용한 경우, 또는 미등록상표를 이 법 제10조 규정에 위반하여 사용한 경우, 지방 공상행정관리부문이 제지하고 기간 내에 시정하도록 통보할 수 있고, 위법경영액이 인민폐 5만원 이상인 경우, 위법경영액의 100분의 20 이하의 과태료에 처할 수 있으며, 위법경영액이 없거나 또는 인민폐 5만원 미만인 경우, 인민폐 1만원 이하의 과태료에 처할 수 있다.

제53조 이 법 제14조 제5항 규정을 위반한 경우, 지방 공상행정관리부문이 시정을 명령하고, 인민폐 10만원의 과태료에 처한다.

제54조 상표국의 상표등록 취소 또는 불취소 결정에 대하여 당사자가 불복하는 경우, 통지를 받은 날로부터 15일 내에 상표평심위원회에 복심을 청구할 수 있다. 상표평심위원회는 청구를 접수한 날로부터 9개월 내에 결정을 내리고, 당사자에게 서면으로 통지하여야 한다. 특수한 사정이 있어 연장이 필요한 경우, 국무원 공상행정관리부문의 허가를 거쳐 3개월을 연장할 수 있다. 당사자가 상표평심위원회의 결정에 불복하는 경우, 통지를 받은 날로부터 30일 내에 인민법원에 소를 제기할 수 있다.

제55조 ① 법정기간이 만료될 때까지, 당사자가 상표국의 상표등록 취소결정에 대하여 복심을 청구하지 아니한 경우 또는 상표평심위원회의 복심결정에 대하여 인민법원에 소를 제기하지 아니한 경우, 상표등록 취소결정·복심결정은 효력을 발생한다.

② 취소된 등록상표는 상표국이 공고하고, 그 등록상표권은 공고된 날로부터 종료된다.

제7장 등록상표권의 보호

제56조 등록상표권은, 등록된 상표 및 지정상품에 한정된다.

제57조 다음 각 호 중 하나의 행위는 모두 등록상표권 침해에 해당한다.

1. 상표등록인의 허가 없이, 동일한 상품에 그 등록상표와 동일한 상표를 사용하는 행위

2. 상표등록인의 허가 없이, 동일한 상품에 그 등록상표와 유사한 상표, 또는 유사한 상품에 그 등록상표와 동일 또는 유사한 상표를 사용하여 혼동을 일으키기 쉬운 행위

3. 등록상표권을 침해하는 상품을 판매하는 행위

4. 타인 등록상표의 표장을 위조 또는 무단으로 제조하거나, 위조 또는 무단으로 제조한 등록상표 표장을 판매하는 행위

5. 상표등록인의 동의 없이 그 등록상표를 변경하고 그 변경한 상표의 상품을 시장에 출시하는 행위

6. 타인의 상표권 침해행위에 고의로 편의를 제공하여 타인의 상표권 침해를 돕는 행위

7. 타인의 등록상표권에 기타 손해를 입히는 행위

제58조 타인의 등록상표, 미등록 유명상표를 기업명칭 중의 상호로 사용함으로써 공중을 오도하여 부정당경쟁행위를 구성하는 경우, 「중화인민공화국 반부정당경쟁법」에 따라 처리한다.

제59조 ① 등록상표에 포함된 그 상품의 보통명칭·도형·규격, 또는 직접적으로 표시하는 상품의 품질·주요원료·기능·용도·중량·수량 및 기타 특징, 또는 포함된 지명은, 등록상표권자가 타인이 정당하게 사용하는 것을 금지할 권한이 없다.

② 3차원표장 등록상표에 포함된, 상품 자체의 성질로 발생된 형상, 기술적 효과를 얻기 위해서 필요한 상품의 형상, 또는 상품으로 하여금 실질적 가치를 갖게 하는 형상은, 등록상표권자가 타인이 정당하게 사용하는 것을 금지할 권한이 없다.

③ 상표등록인이 상표등록출원을 하기 전에, 타인이 먼저 동일 상품 또는 유

사 상품에 상표등록인보다 앞서 등록상표와 동일 또는 유사하고 일정한 영향력이 있는 상표를 사용한 경우, 등록상표권자는 그 사용자가 원래의 사용범위 내에서 그 상표를 계속해서 사용하는 것을 금지할 권한이 없지만, 적당한 구별 표지를 부가할 것을 요구할 수 있다.

제60조 ① 이 법 제57조에 열거된 등록상표권 침해행위 중 하나에 해당하여 분쟁이 발생한 경우, 당사자가 협의하여 해결한다. 협의를 원하지 아니하거나 또는 합의가 성립하지 아니한 경우, 상표등록인 또는 이해관계인은 인민법원에 소를 제기할 수도 있고, 공상행정관리부문에 처리를 청구할 수도 있다.

② 공상행정관리부문이 처리할 때에 침해가 성립하는 것으로 인정되는 경우, 침해행위의 즉시 중지를 명령하고, 침해상품과 침해상품의 제조, 등록상표 표장의 위조에 주로 사용되는 공구를 몰수·소각하며, 위법경영액이 인민폐 5만원 이상인 경우, 위법경영액 5배 이하의 과태료에 처할 수 있고, 위법경영액이 없거나 또는 위법경영액이 인민폐 5만원 미만인 경우, 인민폐 25만원 이하의 과태료에 처할 수 있다. 5년 이내에 두 차례 이상 상표침해행위를 하였거나 또는 경과가 엄중한 기타의 경우, 엄하게 처벌한다. 등록상표권을 침해하는 상품임을 알지 못하고 판매하였지만 그 상품을 자신이 합법적으로 취득하였음을 증명할 수 있고 제공자를 설명할 수 있는 경우, 공상행정관리부문이 판매의 중지를 명령한다.

③ 상표권 침해의 배상액에 대한 분쟁에 대해서, 당사자는 사건을 처리하고 있는 공상행정관리부문에 조정을 청구할 수도 있고, 「중화인민공화국 민사소송법」에 따라 인민법원에 소를 제기할 수도 있다. 공상행정관리부문의 조정을 거쳤지만 당사자가 합의에 이르지 못하였거나 또는 조정서가 효력을 발생한 후 이행하지 아니한 경우, 당사자는 「중화인민공화국 민사소송법」에 따라 인민법원에 소를 제기할 수 있다.

제61조 등록상표권을 침해하는 행위에 대하여, 공상행정관리부문은 법에 의해 조사하고 처리할 수 있는 권한이 있다. 범죄혐의가 있는 경우, 신속히 사법기관에 이송하여 법에 의해 처리한다.

제62조 ① 현급(縣級) 이상 공상행정관리부문이 이미 취득한 위법혐의 증거 또는 제보에 근거하여 타인의 등록상표권 침해 혐의가 있는 행위에 대하여 조사 및

처리할 때에, 다음 각 호의 직권을 행사할 수 있다.

1. 관련 당사자를 심문하여, 타인의 등록상표권 침해와 관련된 상황을 조사

2. 당사자의 침해행위와 관련된 계약서·영수증·장부 및 기타 관련 자료를 열람·복사

3. 당사자가 타인의 등록상표권 침해 혐의가 있는 행위를 진행한 장소에 대한 현장점검 실시

4. 침해행위와 관련된 물품을 검사하고, 타인의 등록상표권을 침해하였음을 증명할 수 있는 증거가 있는 경우에는 봉인 또는 압류

② 공상행정관리부문이 법에 의해 전항이 규정하는 직권을 행사할 때에, 당사자는 협조·협력하여야 하고 거절·방해해서는 아니 된다.

③ 상표권 침해사건을 조사 및 처리하는 과정에서, 상표권의 귀속에 대해서 분쟁이 있거나 또는 권리자가 동시에 인민법원에 상표권 침해소송을 제기한 경우, 공상행정관리부문은 사건의 조사 및 처리를 중지할 수 있다. 중지의 원인이 해소된 후, 사건의 조사 및 처리절차를 재개 또는 종결하여야 한다.

제63조 ① 상표권 침해의 배상액은 권리자가 침해로 인해 입은 실제 손해에 따라 확정하고, 실제 손해를 확정하기 어려운 경우 침해자가 침해로 얻은 이익에 따라 확정할 수 있다. 권리자의 손해 또는 침해자가 얻은 이익을 확정하기 어려운 경우, 그 상표 허가사용료의 배수를 참조하여 합리적으로 확정한다. 상표권을 악의로 침해하여 경과가 엄중한 경우, 위 방법으로 확정한 액수의 1배 이상 3배 이하로 배상액을 확정한다. 배상액에는 권리자가 침해행위를 제지하기 위하여 지불한 합리적인 비용을 포함하여야 한다.

② 인민법원은 배상액을 확정할 때에, 권리자가 이미 최선을 다하여 증거를 제출하였지만 침해행위와 관련된 장부·자료를 주로 침해자가 장악하고 있는 경우, 침해자에게 침해행위와 관련된 장부·자료의 제출을 명령할 수 있다. 침해자가 제공하지 아니하거나 또는 허위의 장부·자료를 제출하는 경우, 인민법원은 권리자의 주장 및 제공한 증거를 참고하여 배상액을 판정할 수 있다.

③ 권리자가 침해로 입은 실제 손해, 침해자가 침해로 얻은 이익, 등록상표 허가사용료를 확정하기 어려운 경우, 인민법원이 침해행위의 경과에 근거하여

인민폐 3백만원 이하의 배상을 판결한다.

제64조 ① 등록상표권자가 배상을 청구하였으나, 등록상표권자가 등록상표를 사용하지 아니하였음을 이유로 침해로 피소된 자가 항변한 경우, 인민법원은 등록상표권자에게 그 전 3년 내에 그 등록상표를 실제로 사용하였다는 증거를 제출하도록 요구할 수 있다. 등록상표권자가 그 전 3년 내에 그 등록상표를 실제로 사용한 적이 있음을 증명할 수 없고, 침해행위로 인해서 기타 손해를 입었음을 증명할 수 없는 경우, 침해로 피소된 자는 배상책임을 부담하지 아니한다.

② 등록상표권을 침해하는 상품임을 알지 못하고 판매하였지만, 그 상품을 자신이 합법적으로 취득하였음을 증명할 수 있고 제공자를 설명할 수 있는 경우, 배상책임을 부담하지 아니한다.

제65조 타인이 그 등록상표권을 침해하는 행위를 실시하고 있거나 또는 곧 실시하려 하고 있고, 만약 즉시 이를 제지하지 않는다면 그 합법적 권익이 보충하기 어려운 손해를 입을 수 있음을 상표등록인 또는 이해관계인이 증거로써 증명할 수 있는 경우, 소를 제기하기 전에 인민법원에 대하여 관련 행위의 중지명령과 재산보전 조치를 취할 것을 신청할 수 있다.

제66조 침해행위를 제지하기 위하여, 증거가 멸실될 수 있거나 또는 증거를 나중에 확보하기가 어려운 경우에, 상표등록인 또는 이해관계인은 소를 제기하기 전에 법에 의해 인민법원에 증거보전을 신청할 수 있다.

제67조 ① 상표등록인의 허가를 받지 아니하고 동일 종류 상품에 그 등록상표와 동일한 상표를 사용하여 범죄를 구성하는 경우, 피침해자의 손해를 배상하는 이외에, 법에 의해 형사책임을 추궁한다.

② 타인 등록상표의 표장을 위조 또는 무단으로 제조하거나, 위조 또는 무단으로 제조한 등록상표의 표장을 판매하여 범죄를 구성하는 경우, 피침해자의 손해를 배상하는 이외에, 법에 의해 형사책임을 추궁한다.

③ 등록상표를 도용한 상품임을 분명히 알았으면서도 판매하여 범죄를 구성하는 경우, 피침해자의 손해를 배상하는 이외에, 법에 의해 형사책임을 추궁한다.

제68조 ① 상표대리기구가 다음 각 호 중 하나의 행위를 한 경우, 공상행정관리

부문이 기간을 정하여 시정을 명령하고 경고하며, 인민폐 1만원 이상 10만원 이하의 과태료에 처한다. 직접적인 책임이 있는 주관자 및 기타 직접적인 책임자에 대해서 경고하며, 인민폐 5천원 이상 5만원 이하의 과태료에 처한다. 범죄를 구성하는 경우, 법에 의해 형사책임을 추궁한다.

1. 상표사무를 처리하는 과정에서, 법률문서·인장·서명을 위조·변조하거나 또는 위조·변조한 법률문서·인장·서명을 사용하는 행위

2. 다른 상표대리기구를 비방하는 등의 수단으로 상표대리업무를 유치하거나 또는 기타 부정당한 수단으로 상표대리 시장질서를 어지럽히는 행위

3. 이 법 제19조 제3항 및 제4항 규정을 위반하는 행위

② 상표대리기구가 전항이 규정한 행위를 한 경우, 공상행정관리부문이 신용기록부에 기입한다. 경과가 엄중한 경우, 상표국·상표평심위원회는 이와 함께 그 처리하는 상표대리업무의 수리 중지를 결정할 수 있다.

③ 상표대리기구가 신의성실의 원칙을 위반하여 위임인의 합법적 이익을 침해한 경우, 법에 의해 민사책임을 부담하여야 하며, 상표대리업계조직은 정관 규정에 따라 징계하여야 한다.

제69조 ① 상표등록·관리 및 복심 업무에 종사하는 국가기관의 직원은 공정하게 법률을 집행하고, 청렴결백하게 스스로를 다스리며, 자신의 직책에 충실하고, 품위 있게 복무하여야 한다.

② 상표국·상표평심위원회 및 상표등록·관리 및 복심 업무에 종사하는 국가기관의 직원은 상표대리업무 및 상품생산경영활동에 종사해서는 아니 된다.

제70조 공상행정관리부문은 건전한 내부 감독제도를 수립하여, 상표등록·관리 및 복심 업무를 담당하는 국가기관의 직원이 법률·행정법규를 집행하고 규율을 준수하는 상황에 대하여 관리감독하여야 한다.

제71조 상표등록·관리 및 복심 업무에 종사하는 국가기관의 직원이 직무를 소홀히 하고 직권을 남용하며 사리사욕을 추구하고, 상표등록·관리 및 복심을 위법하게 처리하며, 당사자의 재물을 수수하고 부정당한 이익을 탐하여 범죄를 구성하는 경우, 법에 의해 형사책임을 추궁한다. 범죄를 구성하는 정도는 아닌 경우, 법에 의해 처분한다.

제8장 부 칙

제72조 상표등록출원 및 기타 상표사무를 처리하는 경우, 비용을 납부하여야 하며, 구체적인 비용기준은 별도로 정한다.

제73조 ① 이 법은 1983년 3월 1일부터 시행한다. 1963년 4월 10일 국무원이 공포한 「상표관리조례」는 동시에 폐지한다. 기타 상표관리에 관한 규정으로서 무릇 이 법에 저촉되는 것은 동시에 효력이 없다.

② 이 법 시행 전에 이미 등록된 상표는 계속 유효하다.

중화인민공화국 상표법실시조례

2002년 8월 3일 중화인민공화국 국무원령 제358호로 공포,
2014년 4월 29일 중화인민공화국 국무원령 제651호로 개정

목 차

제1장 총 칙

제1조 「중화인민공화국 상표법」(이하 '상표법'이라 부른다)에 근거하여, 이 조례를 제정한다.

제2조 이 조례의 상품상표에 관한 규정은 서비스상표에도 적용된다.

제3조 상표보유자가 상표법 제13조 규정에 따라 유명상표로의 보호를 청구하는 경우, 그 상표가 유명상표에 해당한다는 증거자료를 제출하여야 한다. 상표국 · 상표평심위원회는 상표법 제14조 규정에 따라 사건의 심사 · 처리 수요 및 당사자가 제출한 증거자료에 근거하여, 그 상표가 유명한지에 대해서 인정

하여야 한다.

제4조 ① 상표법 제16조가 규정하는 지리적 표시는, 상표법 및 이 조례의 규정에 따라 증명표장 또는 단체표장으로 등록출원할 수 있다.

② 지리적 표시를 증명표장으로 등록한 경우, 그 상품이 그 지리적 표시 사용조건에 부합하는 자연인·법인 또는 기타 조직은 그 증명표장의 사용을 요구할 수 있으며, 그 증명표장을 관리하는 조직은 허락하여야 한다. 지리적 표시를 단체표장으로 등록한 경우, 그 상품이 그 지리적 표시 사용조건에 부합하는 자연인·법인 또는 기타 조직은 그 지리적 표시를 단체표장으로 등록한 단체·협회 또는 기타 조직에 가입을 요구할 수 있으며, 그 단체·협회 또는 기타 조직은 그 정관에 의거하여 회원으로 받아들여야 한다. 그 지리적 표시를 단체표장으로 등록한 단체·협회 또는 기타 조직에 가입을 요구하지 아니한 경우라도 그 지리적 표시를 정당하게 사용할 수 있으며, 그 단체·협회 또는 기타 조직은 금지할 권한이 없다.

제5조 ① 당사자가 상표대리기구에 상표등록출원 또는 기타 상표사무의 처리를 위임한 경우, 위임장을 제출하여야 한다. 위임장에는 대리의 내용 및 권한을 기재하여야 하고, 외국인 또는 외국 기업의 위임장에는 국적을 기재하여야 한다.

② 외국인 또는 외국 기업의 위임장 및 그 관련 증명서류의 공증·인증 절차는 동등성의 원칙에 따라 밟아야 한다.

③ 상표등록출원 또는 상표이전신청의 상표등록출원인 또는 상표이전의 양수인이 외국인 또는 외국 기업인 경우, 출원서(신청서)에 상표국·상표평심위원회의 후속 상표업무에서의 법률문서 수령을 담당할 중국 국내의 송달인을 지정하여야 한다. 상표국·상표평심위원회의 후속 상표업무에서의 법률문서는 중국 국내의 송달인에게 송달한다.

④ 상표법 제18조의 외국인 또는 외국 기업은 중국에 계속적인 거소 또는 영업소가 없는 외국인 또는 외국 기업을 가리킨다.

제6조 ① 상표등록출원 또는 기타 상표사무의 처리에는 중국어를 사용하여야 한다.

② 상표법 또는 이 조례의 규정에 따라 제출하는 각종 증서·증명서류 및 증

거자료가 외국어로 된 경우, 중국어 번역문을 첨부하여 제출하여야 한다. 첨부하여 제출하지 아니한 경우, 증서·증명서류 또는 증거자료를 제출하지 아니한 것으로 본다.

제7조 상표국·상표평심위원회의 직원이 다음 각 호의 하나에 해당하는 경우, 회피하여야 하며, 당사자 또는 이해관계인은 그 기피를 신청할 수 있다.

1. 당사자이거나 또는 당사자·대리인의 근친인 경우

2. 당사자·대리인과 기타 관계가 있어 공정성에 영향을 줄 수 있는 경우

3. 상표등록출원 또는 기타 상표 사무처리에 이해관계가 있는 경우

제8조 상표법 제22조가 규정하는 디지털 전자문서방식으로 상표등록출원 등 관련 서류를 제출함에는 상표국 또는 상표평심위원회의 규정에 따라 인터넷으로 제출하여야 한다.

제9조 ① 이 조례 제18조가 규정하는 경우를 제외하고, 당사자가 상표국 또는 상표평심위원회에 제출하는 서류 또는 자료의 제출일은, 직접 제출한 경우 제출한 날을 기준으로 한다. 우편으로 제출한 경우 통신일부인에 표시된 날을 기준으로 하며, 통신일부인이 명확하지 아니하거나 또는 통신일부인이 없으면 상표국 또는 상표평심위원회에 실제로 도달한 날을 기준으로 하지만, 당사자가 실제 통신일부인의 증거를 제출할 수 있는 경우는 제외한다. 우편행정 이외의 배송사업자에 의해 제출한 경우, 배송사업자가 접수한 날을 기준으로 하고, 접수한 날이 명확하지 아니하면 상표국 또는 상표평심위원회에 실제로 도달한 날을 기준으로 하지만, 당사자가 실제 접수한 날의 증거를 제출할 수 있는 경우는 제외한다. 디지털 전자문서방식으로 제출한 경우, 상표국 또는 상표평심위원회의 전자시스템에 진입한 날을 기준으로 한다.

② 당사자가 상표국 또는 상표평심위원회에 우편으로 서류를 제출하는 경우, 등기우편을 사용하여야 한다.

③ 당사자가 상표국 또는 상표평심위원회에 서면방식으로 서류를 제출한 경우, 상표국 또는 상표평심위원회에 보관된 서류철 기록을 기준으로 하고, 디지털 전자문서방식으로 제출한 경우, 상표국 또는 상표평심위원회의 데이터베이스 기록을 기준으로 하되, 당사자가 확실한 증거로 상표국 또는 상표평심위원회 서류철·데이터베이스 기록에 착오가 있음을 증명하는 경우는 제외한

다.

제10조 ① 상표국 또는 상표평심위원회의 각종 문서는 우편발송 · 직접교부 · 디지털 전자문서 또는 기타 방식으로 당사자에게 송달할 수 있다. 디지털 전자문서방식으로 당사자에게 송달하는 경우, 당사자의 동의를 거쳐야 한다. 당사자가 상표대리기구에 위임한 경우, 상표대리기구에 문서를 송달한 것은 당사자에게 송달한 것으로 본다.

② 상표국 또는 상표평심위원회의 당사자에 대한 각종 문서의 송달일은 우편으로 발송한 경우, 당사자의 수령일을 기준으로 한다. 수령일이 명확하지 아니하거나 또는 없는 경우, 문서를 발송한 날로부터 15일이 되는 날 당사자에게 송달된 것으로 보지만, 당사자가 실제 수령일을 증명할 수 있는 경우는 제외한다. 직접 교부한 경우, 교부일을 기준으로 한다. 디지털 전자문서방식으로 송달한 경우, 문서를 발송한 날로부터 15일이 되는 날에 당사자에게 송달된 것으로 보지만, 당사자가 문서의 그 전자시스템 진입일을 증명할 수 있는 경우는 제외한다. 문서를 위의 방식으로 송달할 수 없는 경우, 공고방식을 통해 송달할 수 있으며, 공고일로부터 30일이 되는 날에 그 문서가 당사자에게 송달된 것으로 본다.

제11조 다음 각 호의 기간은 상표 심사 · 심리의 기간에 산입하지 아니한다.

1. 상표국 · 상표평심위원회 문서의 공고송달 기간
2. 당사자의 증거 보충 또는 문서 보정에 필요한 기간 및 당사자 변경으로 재답변에 필요한 기간
3. 같은 날 출원한 것이어서, 사용증거 제출 및 협상 · 추첨에 필요한 기간
4. 우선권 확정을 위한 대기 기간
5. 심사 · 심리과정에서, 사건 당사자의 청구에 의하여 선권리 사건의 심리결과를 기다리는 기간

제12조 ① 본조 제2항이 규정하는 경우를 제외하고, 상표법 및 이 조례가 규정하는 각종 기간의 시작일은 기간 내에 산입하지 아니한다. 기간을 연(年) 또는 월로 계산하는 경우, 기간의 마지막 월의 상응하는 날을 기간의 만료일로 한다. 그 월에 상응하는 날이 없는 경우, 그 월의 마지막 날을 기간의 만료일로 한다. 기간의 만료일이 휴일인 경우, 휴일 후의 첫 번째 근무일을 기간의 만료

일로 한다.

② 상표법 제39조 및 제40조가 규정하는 등록상표의 유효기간은 법정일로부터 계산하기 시작하며, 기간의 마지막 월의 상응하는 날의 전날을 기간의 만료일로 하고, 그 월에 상응하는 날이 없는 경우 그 월의 마지막 날을 기간의 만료일로 한다.

제2장 상표등록출원

제13조 ① 상표등록출원은 공포된 상품 또는 서비스 분류표에 따라 하여야 한다. 매 상표등록출원은 상표국에 「상표등록출원서」 1부, 상표견본 1부를 제출하여야 한다. 색채조합 또는 착색견본으로 상표등록출원을 하는 경우, 착색견본을 제출하여야 하고 흑백본도 1부 제출하여야 하며, 색채를 지정하지 아니하는 경우, 흑백견본을 제출하여야 한다.

② 상표견본은 선명하여야 하고 붙여넣기에 편리하여야 하며, 매끄럽고 질긴 종이에 인쇄하거나 또는 사진으로 대체하여야 하고, 길이와 폭은 10cm보다 크지 아니하고 5cm보다는 작지 아니하여야 한다.

③ 3차원표장으로 상표등록출원하는 경우, 출원서에서 분명하게 밝혀야 하고, 상표의 사용방식을 설명하여야 하며, 3차원 형상을 확정할 수 있는 견본을 제출해야 하고, 제출하는 상표견본은 적어도 3면의 정면도를 포함하여야 한다.

④ 색채조합으로 상표등록출원하는 경우, 출원서에서 분명하게 밝혀야 하고, 상표의 사용방식을 설명하여야 한다.

⑤ 소리표장으로 상표등록출원하는 경우, 출원서에서 분명하게 밝혀야 하고, 요건에 부합하는 소리견본을 제출하여야 하며, 등록출원하는 소리상표에 대하여 기술하고 상표의 사용방식을 설명하여야 한다. 소리상표에 대한 기술은 오선보 또는 약보로써 상표로 출원하는 소리를 표현하고 문자로 부가적인 설명을 하며, 오선보 또는 약보로 표현할 방법이 없는 경우에는 문자로 기술한다. 상표에 대한 기술은 소리견본과 일치하여야 한다.

⑥ 단체표장·증명표장 등록출원을 하는 경우, 출원서에서 분명하게 밝혀야
하고, 주체적격을 증명하는 서류와 사용관리규칙을 제출하여야 한다.

⑦ 상표가 외국어이거나 또는 외국어를 포함하는 경우, 의미를 설명하여야 한
다.

제14조 ① 상표등록출원하는 경우, 출원인은 그 신분의 증명서류를 제출하여야
한다. 상표등록 출원인의 명의는 제출한 증명서류와 일치하여야 한다.

② 전항의 출원인 신분 증명서류 제출에 관한 규정은 변경·이전·갱신·이
의·취소 등 상표국에 대한 기타 상표사무 처리에도 적용된다.

제15조 ① 상품 또는 서비스의 명칭은 상품 및 서비스 분류표 중의 분류번호·명
칭을 기재하여야 한다. 상품 또는 서비스의 명칭이 상품 또는 서비스 분류표
에 없는 경우, 그 상품 또는 서비스의 설명을 부가적으로 제출하여야 한다.

② 상표등록출원 등 관련 서류를 서면방식으로 제출하는 경우, 타자 또는 인
쇄하여야 한다.

③ 본조 제2항의 규정은 기타 상표사무의 처리에도 적용된다.

제16조 ① 공동으로 동일한 상표를 출원하거나 또는 공유 상표의 기타 사무를 처
리하는 경우, 출원서(신청서)에 대표자를 지정하여야 한다. 대표자를 지정하지
아니한 경우, 출원서(신청서)에 첫 번째로 기재된 자가 대표자가 된다.

② 상표국 및 상표평심위원회의 문서는 대표자에게 송달하여야 한다.

제17조 ① 출원인이 그 명의·주소·대리인·서류송달인을 변경하거나 또는 지
정상품을 감축하는 경우, 상표국에 변경절차를 밟아야 한다.

② 출원인이 그 상표등록출원을 양도하는 경우, 상표국에 이전절차를 밟아야
한다.

제18조 ① 상표등록출원의 출원일은 상표국이 출원서류를 접수한 날을 기준으
로 한다.

② 상표등록출원 절차가 완비되어, 규정에 따라 출원서류를 작성하고 비용을
납부한 경우, 상표국은 수리하고 출원인에게 서면으로 통지한다. 출원절차가
불비하여, 규정에 따라 출원서류를 작성하지 아니하였거나 또는 비용을 납부
하지 아니한 경우, 상표국은 수리하지 아니하고 출원인에게 서면으로 통지하
여 이유를 설명하여야 한다. 출원절차가 기본적으로 완비되었거나 또는 출원

서류가 기본적으로 규정에 부합하지만 보정이 필요한 경우, 상표국은 그 통지를 받은 날로부터 30일 내에 지정된 내용에 따라 보정하여 상표국에 제출하도록 출원인에게 통지하여야 한다. 규정된 기간 내에 보정하여 상표국에 제출한 경우, 출원일이 유지된다. 기간 내에 보정하지 아니하거나 또는 요구에 따라 보정하지 아니한 경우, 상표국은 수리하지 아니하고 출원인에게 서면으로 통지한다.

③ 본조 제2항의 수리요건에 관한 규정은 기타 상표사무의 처리에도 적용된다.

제19조 둘 또는 둘 이상의 출원인이, 동일한 상품 또는 유사한 상품에 각각 동일 또는 유사한 상표로 같은 날에 등록출원한 경우, 각 출원인은 상표국의 통지를 받은 날로부터 30일 내에 그 등록출원 전에 그 상표를 먼저 사용하였다는 증거를 제출하여야 한다. 같은 날에 사용하였거나 또는 모두 사용하지 아니한 경우, 각 출원인은 상표국의 통지를 받은 날로부터 30일 내에 자진하여 협상하고, 서면합의서를 상표국에 제출하여야 한다. 협상을 원하지 아니하거나 또는 합의가 이루어지지 아니한 경우, 상표국은 각 출원인에게 추첨방식으로 하나의 출원인을 확정하고 기타 등록출원은 거절할 것임을 통지한다. 상표국이 이미 통지하였지만 출원인이 추첨에 참가하지 아니한 경우 출원을 포기한 것으로 보며, 상표국은 추첨에 참가하지 아니한 출원인에게 서면으로 통지하여야 한다.

제20조 상표법 제25조 규정에 따라 우선권을 주장하는 경우, 출원인이 제출하는 최초 상표등록출원서류의 부본은 그 출원을 수리한 상표주관기관의 증명을 거쳐야 하며, 출원일자 및 출원번호가 기재되어 있어야 한다.

제3장 상표등록출원의 심사

제21조 상표국은 수리한 상표등록출원에 대하여 상표법 및 이 조례의 관련 규정에 따라 심사를 진행하며, 규정에 부합하거나 또는 일부 지정상품에 사용하는 상표의 등록출원이 규정에 부합하는 경우, 출원공고결정을 하고 공고한다. 규

정에 부합하지 아니하거나 또는 일부 지정상품에 사용하는 상표의 등록출원이 규정에 부합하지 아니하는 경우, 거절하거나 또는 일부 지정상품에 사용하는 상표의 등록출원을 거절하고, 서면으로 출원인에게 통지하여 이유를 설명한다.

제22조 ① 상표국이 하나의 상표등록출원 중의 일부 지정상품에 대하여 거절결정하는 경우, 출원인은 그 출원 중의 출원공고결정 부분의 출원을 별개의 출원으로 분할할 수 있으며, 분할 후의 출원은 원출원의 출원일을 유지한다.

② 분할이 필요한 경우, 출원인은 상표국의「상표등록출원의 일부거절통지서」를 받은 날로부터 15일 내에 상표국에 분할출원을 하여야 한다.

③ 상표국은 분할출원을 수리한 후 원출원을 두 건으로 분할하여, 분할된 출원공고결정의 출원에 대하여 출원번호를 부여하고 공고하여야 한다.

제23조 상표법 제29조 규정에 따라서, 상표국이 상표등록출원의 내용에 대해서 설명 또는 수정이 필요하다고 보는 경우, 출원인은 상표국의 통지를 받은 날로부터 15일 내에 설명 또는 수정하여야 한다.

제24조 ① 상표국이 출원공고결정하여 공고한 상표에 대해서 이의를 신청하는 경우, 이의신청인은 상표국에 다음 각 호의 이의신청자료 1식 2부를 제출하고 정·부본을 표시하여야 한다.

1. 상표이의신청서
2. 이의신청인의 신분증명
3. 상표법 제13조 제2항 및 제3항, 제15조, 제16조 제1항, 제30조, 제31조, 제32조 규정 위반을 이유로 이의신청하는 경우, 이의신청인이 선권리자 또는 이해관계인이라는 증명

② 상표이의신청서는 명확한 청구와 사실의 근거가 있어야 하고, 관련 증거자료를 첨부하여 제출하여야 한다.

제25조 상표국은 상표이의신청서를 접수한 후, 심사를 거쳐 수리요건에 부합하는 경우, 수리하고 신청인에게 수리통지서를 발송한다.

제26조 상표이의신청이 다음 각 호의 하나에 해당하는 경우, 상표국은 수리하지 아니하고 서면으로 이의신청인에게 통지하여 이유를 설명한다.

1. 법정기간 내에 신청되지 아니한 경우

2. 신청인 적격, 이의신청 이유가 상표법 제33조 규정에 부합하지 아니하는
   경우

3. 이의신청의 이유, 사실 및 법적 근거가 명확하지 아니한 경우

4. 동일한 이의신청인이 동일한 이유, 사실 및 법적 근거로 동일한 상표에 대
   해서 재차 이의신청을 한 경우

제27조 ① 상표국은 상표이의신청자료 부본을 신속하게 피이의신청인에게 송달
하여야 하고, 피이의신청인은 상표이의신청자료 부본을 받은 날로부터 30일
내에 답변서를 제출하여야 한다. 피이의신청인이 답변서를 제출하지 아니하
는 경우, 상표국의 결정에 영향이 없다.

② 당사자가 이의신청서 또는 답변서를 제출한 후에 관련 증거자료를 보충할
필요가 있는 경우, 상표이의신청서 또는 답변서에서 분명하게 밝히고, 상표이
의신청서 또는 답변서를 제출한 날로부터 3개월 내에 제출하여야 한다. 기간
내에 제출하지 아니하는 경우, 당사자가 관련 증거자료의 보충을 포기한 것으
로 본다. 그러나 기간 만료 후에 생성되었거나 또는 당사자에게 기타 정당한
이유가 있어 기간 내에 제출할 수 없었던 증거를 기간 만료 후에 제출하는 경
우, 상표국은 증거를 상대방 당사자에게 송달하고 증거인부 후 채택할 수 있
다.

제28조 ① 상표법 제35조 제3항 및 제36조 제1항의 부등록결정은 일부 지정상품
의 부등록결정을 포괄한다.

② 이의신청이 제기된 상표가 상표국의 등록결정 또는 부등록결정 전에 이미
등록공고된 경우, 그 등록공고를 취소한다. 심사를 거쳐 이의가 불성립하여
등록된 경우, 등록결정 효력 발생 후에 다시 공고한다.

제29조 ① 상표등록출원인 또는 상표등록인이 상표법 제38조 규정에 따라 경정
신청하는 경우, 상표국에 경정신청서를 제출하여야 한다. 경정요건에 부합하
는 경우, 상표국은 허가 후에 관련 내용을 경정한다. 경정요건에 부합하지 아
니하는 경우, 상표국은 허가하지 아니하며, 서면으로 신청인에게 통지하고 이
유를 설명한다.

② 이미 출원공고 또는 등록공고된 상표가 경정되는 경우, 경정공고를 하여야
한다.

제4장 등록상표의 변경 · 이전 · 갱신

제30조 ① 상표등록인의 명의 · 주소 또는 기타 등록사항을 변경하는 경우, 상표
국에 변경신청서를 제출하여야 한다. 상표등록인의 명의를 변경하는 경우, 관
련 등록기관이 발급한 변경증명서류를 제출하여야 한다. 상표국이 허가하는
경우, 상표등록인에게 상응하는 증명서를 발급하고 공고한다. 허가하지 아니
하는 경우, 서면으로 신청인에게 통지하고 이유를 설명하여야 한다.

② 상표등록인의 명의 또는 주소를 변경하는 경우, 상표등록인은 그 등록상표
전부를 모두 변경하여야 한다. 모두 변경하지 아니한 경우, 상표국이 그 기간
내에 시정하도록 통지한다. 기간 내에 시정하지 아니한 경우, 변경신청을 포
기한 것으로 보며, 상표국이 서면으로 신청인에게 통지하여야 한다.

제31조 ① 등록상표를 양도하는 경우, 양도인과 양수인은 상표국에 등록상표이
전신청서를 제출하여야 한다. 등록상표 이전신청의 절차는 양도인과 양수인
이 공동으로 밟아야 한다. 상표국이 등록상표 이전신청을 허가하는 경우, 양
수인에게 상응하는 증명서를 발급하고 공고한다.

② 등록상표를 양도하면서, 상표등록인이 그 동일 또는 유사한 상품에 등록한
동일 또는 유사한 상표를 모두 양도하지 아니한 경우, 상표국이 그 기간 내에
시정하도록 통지한다. 기간 내에 시정하지 아니한 경우, 그 등록상표의 이전
신청을 포기한 것으로 보며, 상표국이 서면으로 신청인에게 통지하여야 한다.

제32조 ① 등록상표권이 양도 이외의 상속 등 기타 사유로 이전되는 경우, 그 등
록상표권을 이전받는 당사자는 관련 증명서류 또는 법률문서에 근거하여 상
표국에 상표권 이전절차를 밟아야 한다.

② 등록상표권을 이전하는 경우, 등록상표권자가 동일 또는 유사한 상품에 등
록받은 동일 또는 유사한 상표를 모두 이전하여야 한다. 모두 이전하지 아니
한 경우, 상표국이 그 기간 내에 시정하도록 통지한다. 기간 내에 시정하지 아
니한 경우, 그 등록상표의 이전신청을 포기한 것으로 보며, 상표국이 서면으
로 신청인에게 통지하여야 한다.

③ 상표이전신청이 허가된 경우, 공고한다. 그 등록상표권을 이전받은 당사자
는 공고일로부터 상표권을 향유한다.

제33조 등록상표의 갱신등록이 필요한 경우, 상표국에 상표갱신등록신청서를 제출하여야 한다. 상표국이 갱신등록을 허가하는 경우, 상응하는 증명서를 발급하고 공고한다.

제5장 국제상표등록

제34조 ① 상표법 제21조 규정의 국제상표등록은 「표장의 국제등록에 관한 마드리드협정」(이하 '마드리드협정'이라 한다), 「표장의 국제등록에 관한 마드리드협정에 대한 의정서」(이하 '마드리드의정서'라 한다) 및 「표장의 국제등록에 관한 마드리드협정 및 이 협정에 대한 의정서의 공동 규칙」의 규정에 근거하여 밟는 마드리드 국제상표등록을 가리킨다.

② 마드리드 국제상표등록출원은 중국을 본국으로 하는 국제출원, 중국을 지정국으로 하는 국제상표등록출원 및 기타 관련 신청을 포괄한다.

제35조 중국을 본국으로 국제출원을 하는 경우, 중국에 진정으로 유효한 영업소가 설치되어 있거나, 또는 중국에 주소가 있거나, 또는 중국 국적이 있어야 한다.

제36조 ① 이 조례 제35조 규정에 부합하는 출원인은, 그 상표가 이미 상표국에 등록된 경우, 마드리드협정에 근거하여 그 상표의 국제출원 절차를 밟을 수 있다.

② 이 조례 제35조 규정에 부합하는 출원인은 그 상표가 이미 상표국에 등록되었거나, 또는 이미 상표국에 상표등록출원을 하고 수리된 경우, 마드리드의정서에 근거하여 그 상표의 국제출원 절차를 밟을 수 있다.

제37조 ① 중국을 본국으로 국제출원을 하는 경우, 상표국을 통하여 세계지식재산권기구 국제사무국(이하 '국제사무국'이라 한다)에 출원 절차를 밟아야 한다.

② 중국을 본국으로 하는 경우, 마드리드협정과 관련된 국제상표등록의 사후지정·포기·말소는 상표국을 통하여 국제사무국에 절차를 밟아야 한다. 마드리드협정과 관련된 국제상표등록의 이전·감축·변경·갱신은 상표국을 통하여 국제사무국에 절차를 밟을 수도 있고, 직접 국제사무국에 절차를 밟을

수도 있다.

③ 중국을 본국으로 하는 경우, 마드리드의정서와 관련된 국제상표등록의 사후지정 · 포기 · 말소 · 변경 · 갱신은 상표국을 통하여 국제사무국에 절차를 밟을 수도 있고, 직접 국제사무국에 절차를 밟을 수도 있다.

제38조 상표국을 통하여 국제사무국에 국제출원 및 기타 관련 절차를 밟는 경우, 국제사무국 및 상표국의 요구에 부합하는 출원서 및 관련 자료를 제출하여야 한다.

제39조 국제출원이 지정하는 상품 또는 서비스는 국내의 기초출원 또는 기초등록의 상품 또는 서비스의 범위를 벗어날 수 없다.

제40조 ① 국제출원 절차가 완비되지 아니하였거나 또는 규정에 따라 출원서를 기재하지 아니한 경우, 상표국은 수리하지 아니하고 출원일은 유지되지 아니한다.

② 출원절차가 기본적으로 완비되었거나 또는 출원서가 기본적으로 규정에 부합하지만 보정이 필요한 경우, 출원인은 보정통지서를 받은 날로부터 30일 내에 보정하여야 하고, 기간 내에 보정하지 아니한 경우 상표국은 수리하지 아니하고 서면으로 출원인에게 통지한다.

제41조 ① 상표국을 통하여 국제사무국에 국제출원하고 기타 관련 절차를 밟는 경우, 규정에 따라 비용을 납부하여야 한다.

② 출원인은 상표국의 비용납부통지서를 받은 날로부터 15일 내에 상표국에 비용을 납부하여야 한다. 기간 내에 비용을 납부하지 아니한 경우, 상표국은 그 출원을 수리하지 아니하고, 서면으로 출원인에게 통지한다.

제42조 상표국은 마드리드협정 또는 마드리드의정서가 규정하는 거절기간(이하 '거절기간'이라 한다) 내에, 상표법 및 이 조례의 관련 규정에 따라 중국을 지정국으로 하는 국제상표등록출원에 대하여 심사하여 결정을 내리고 국제사무국에 통지한다. 상표국이 거절기간 내에 거절 또는 일부거절을 통지하지 아니한 경우, 그 중국을 지정한 국제상표등록출원은 등록된 것으로 본다.

제43조 중국을 지정국으로 하는 출원인이 3차원표장 · 색채조합표장 · 소리표장을 상표로 보호받고자 하거나 또는 단체표장 · 증명표장으로 보호받고자 하는 경우, 그 상표가 국제사무국의 국제등록부에 등록된 날로부터 3개월 내에, 법

에 의해 설립된 상표대리기구를 통하여 상표국에 이 조례 제13조가 규정하는 관련 자료를 제출하여야 한다. 위 기간 내에 관련 자료를 제출하지 아니하는 경우, 상표국은 그 중국을 지정한 출원을 거절한다.

제44조 세계지식재산권기구가 국제상표등록의 관련 사항을 공고한 경우, 상표국은 다시 별도로 공고하지 아니한다.

제45조 ① 중국을 지정국으로 하는 국제상표등록출원에 대하여, 세계지식재산권기구가 「국제상표공고」를 발간한 다음 달 1일부터 3개월 내에, 상표법 제33조가 규정하는 요건에 부합하는 이의신청인은 상표국에 이의신청을 할 수 있다.

② 상표국은 거절기간 내에 이의신청의 관련 상황을 거절결정의 형식으로 국제사무국에 통지한다.

③ 피이의신청인은 국제사무국이 전송한 거절통지서를 받은 날로부터 30일 내에 답변서를 제출할 수 있으며, 답변서 및 관련 증거자료는 법에 의해 설립된 상표대리기구를 통하여 상표국에 제출하여야 한다.

제46조 중국에서 보호받는 국제등록상표의 유효기간은 국제등록일 또는 사후지정일로부터 계산한다. 유효기간이 만료되기 전에, 등록인은 국제사무국에 갱신을 신청할 수 있으며, 유효기간 내에 갱신을 신청하지 아니한 경우, 6개월의 유예기간을 줄 수 있다. 상표국은 국제사무국의 갱신 통지를 받은 후, 법에 의해 심사를 진행한다. 국제사무국이 미갱신을 통지한 경우, 그 국제등록상표를 말소한다.

제47조 ① 중국을 지정국으로 하는 국제상표등록출원에 대하여 이전절차를 밟는 경우, 양수인은 체약국의 국내에 진정으로 유효한 영업소가 있거나, 또는 체약국의 국내에 주소가 있거나, 또는 체약국의 국민이어야 한다.

② 양도인이 그 동일 또는 유사한 상품 또는 서비스의 동일 또는 유사한 상표를 모두 양도하지 아니한 경우, 상표국은 통지서를 발송한 날로부터 3개월 내에 시정하도록 양도인에게 통지한다. 기간 내에 시정하지 아니하거나 또는 양도로 혼동을 일으키게 하기 쉽거나 또는 기타 부정적 영향이 있는 경우, 상표국은 그 양도가 중국에서 무효임을 결정하고 국제사무국에 분명하게 밝힌다.

제48조 중국을 지정국으로 하는 국제상표등록출원에 대하여 감축절차를 밟는

경우, 감축 후의 상품 또는 서비스가 중국의 관련 상품 또는 서비스 분류의 요
구에 부합하지 아니하거나 또는 원래 지정상품 또는 서비스의 범위를 벗어나
는 경우, 상표국은 그 감축이 중국에서 무효임을 결정하고 국제사무국에 분명
하게 밝힌다.

제49조 ① 상표법 제49조 제2항 규정에 의하여 국제등록상표의 취소를 청구하는
경우, 그 국제상표등록출원 거절기간의 만료일로부터 만 3년이 지난 후에 상
표국에 청구할 수 있다. 거절기간이 만료된 때에도 여전히 거절복심 또는 이
의 관련 절차가 진행 중인 경우, 상표국 또는 상표평심위원회의 등록결정이
효력을 발생한 날로부터 만 3년이 지난 후에 상표국에 청구할 수 있다.

② 상표법 제44조 제1항 규정에 의하여 국제등록상표의 무효선고를 청구하는
경우, 그 국제상표등록출원의 거절기간이 만료된 후에 상표평심위원회에 청
구하여야 한다. 거절기간이 만료된 때에도 여전히 거절복심 또는 이의 관련
절차가 진행 중인 경우, 상표국 또는 상표평심위원회의 등록결정이 효력을 발
생한 날로부터 상표평심위원회에 청구할 수 있다.

③ 상표법 제45조 제1항 규정에 의하여 국제등록상표의 무효선고를 청구하는
경우, 그 국제상표등록출원 거절기간의 만료일로부터 만 5년 내에 상표평심
위원회에 청구하여야 한다. 거절기간이 만료된 때에도 여전히 거절복심 또는
이의 관련 절차가 진행 중인 경우, 상표국 또는 상표평심위원회의 등록결정이
효력을 발생한 날로부터 5년 내에 상표평심위원회에 청구하여야 한다. 악의
로 등록받은 경우, 유명상표의 소유자는 5년의 시간적 제한을 받지 아니한다.

제50조 상표법과 이 조례의 다음 각 호 규정은 국제상표등록의 관련 사무에 적용
되지 아니한다.

1. 상표법 제28조, 제35조 제1항의 심사 및 심리기간에 관한 규정

2. 이 조례 제22조, 제30조 제2항

3. 상표법 제42조 및 이 조례 제31조의 상표이전 절차를 양도인과 양수인이
   공동으로 밟아야 한다는 규정

제6장 상표평심

제51조 ① 상표평심은 상표평심위원회가 상표법 제34조, 제35조, 제44조, 제45조 및 제54조의 규정에 따라 관련 상표분쟁을 심리하는 사무를 가리킨다. 당사자가 상표평심위원회에 청구하는 상표평심은 명확한 청구·사실·이유와 법적 근거가 있어야 하고, 상응하는 증거를 제공하여야 한다.

② 상표평심위원회는 사실에 근거하여, 법에 의해 평심을 진행한다.

제52조 ① 상표평심위원회가 상표국의 상표등록출원 거절결정에 불복하는 복심사건을 심리함에 있어서는 상표국의 거절결정, 청구인의 복심청구 사실·이유·청구 및 평심 시의 사실상태에 대하여 심리를 진행하여야 한다.

② 상표평심위원회가 상표국의 상표등록출원 거절결정에 불복하는 복심사건을 심리하면서 등록출원한 상표가 상표법 제10조, 제11조, 제12조 및 제16조 제1항 규정을 위반하였지만 상표국이 위의 조항을 근거로 거절결정하지 아니한 경우, 위의 조항을 근거로 출원을 거절하는 복심결정을 할 수 있다. 상표평심위원회는 복심결정을 하기 전에 청구인의 의견을 청취하여야 한다.

제53조 ① 상표평심위원회가 상표국의 부등록결정에 불복하는 복심사건을 심리함에 있어서는 상표국의 부등록결정, 청구인의 복심청구 사실·이유·청구 및 이의신청인이 제출한 의견에 대하여 심리를 진행하여야 한다.

② 상표평심위원회가 상표국의 부등록결정에 불복하는 복심사건을 심리함에 있어서는 이의신청인이 참가하여 의견을 제출하도록 통지하여야 한다. 이의신청인의 의견이 사건의 심리결과에 실질적 영향이 있는 경우, 평심의 근거로 할 수 있다. 이의신청인이 참가하지 아니하거나 또는 의견을 제출하지 아니한 경우, 사건의 심리에 영향이 없다.

제54조 상표평심위원회가 상표법 제44조 및 제45조 규정에 의한 등록상표의 무효선고 청구사건을 심리함에 있어서는 당사자가 신청하고 답변한 사실·이유 및 청구에 대하여 심리를 진행하여야 한다.

제55조 상표평심위원회가 상표법 제44조 제1항 규정에 따른 상표국의 등록상표 무효선고결정에 대하여 불복하는 복심사건을 심리함에 있어서는 상표국의 결정, 청구인의 복심청구 사실·이유 및 청구에 대하여 심리를 진행하여야 한

다.

제56조 상표평심위원회가 상표법 제49조 규정에 따른 상표국의 상표등록 취소 또는 유지 결정에 불복하는 복심사건을 심리함에 있어서는 상표국의 상표등록 취소 또는 유지 결정, 당사자가 복심청구 시에 근거로 한 사실·이유 및 청구에 대하여 심리를 진행하여야 한다.

제57조 ① 상표평심을 청구함에 있어서는 상표평심위원회에 청구서를 제출하고, 상대방 당사자의 수에 상응하는 부수의 부본을 제출하여야 한다. 상표국의 결정서에 기초하여 복심을 청구하는 경우, 상표국의 결정서 부본도 동시에 첨부하여야 한다.

② 상표평심위원회는 청구서를 접수한 후, 심사를 거쳐 수리요건에 부합하는 경우, 수리한다. 수리요건에 부합하지 아니하는 경우, 수리하지 아니하고, 서면으로 청구인에게 통지하고 이유를 설명한다. 보정이 필요한 경우, 통지를 받은 날로부터 30일 내에 보정하도록 청구인에게 통지한다. 보정을 거쳐서도 여전히 규정에 부합하지 아니하는 경우, 상표평심위원회는 수리하지 아니하고, 서면으로 청구인에게 통지하고 이유를 설명한다. 기간 내에 보정하지 아니하는 경우, 청구를 취하한 것으로 보며, 상표평심위원회는 서면으로 청구인에게 통지하여야 한다.

③ 상표평심위원회가 상표평심청구를 수리한 후 수리요건에 부합하지 아니함을 발견하는 경우, 각하하고 서면으로 청구인에게 통지하여 이유를 설명한다.

제58조 상표평심위원회는 상표평심청구를 수리한 후에, 신속하게 청구서 부본을 상대방 당사자에게 송달하여 그 청구서 부본을 받은 날로부터 30일 내에 답변서를 제출하도록 한다. 기간 내에 답변서를 제출하지 아니한 경우, 상표평심위원회의 평심에 영향이 없다.

제59조 당사자가 평심청구서 또는 답변서 제출 후에 관련 증거자료를 보충할 필요가 있는 경우, 청구서 또는 답변서에서 분명하게 밝히고 청구서 또는 답변서를 제출한 날로부터 3개월 내에 제출하여야 한다. 기간 내에 제출하지 아니한 경우, 관련 증거자료의 보충을 포기한 것으로 본다. 그러나 기간 만료 후에 생성되었거나 또는 당사자에게 기타 정당한 이유가 있어 기간 내에 제출할 수 없었던 증거를 기간 만료 후에 제출하는 경우, 상표국은 증거를 상대방 당사

자에게 송달하고 증거인부 후 채택할 수 있다.

제60조 ① 상표평심위원회는 당사자의 청구 또는 실제적 수요에 근거하여 평심청구에 대하여 구술심리를 결정할 수 있다.

② 상표평심위원회가 평심청구에 대하여 구술심리를 결정하는 경우, 구술심리 15일 전에 서면으로 당사자에게 통지하여, 구술심리의 날짜·장소 및 평심원을 고지하여야 한다. 당사자는 통지서에서 지정한 기간 내에 답변서를 제출하여야 한다.

③ 청구인이 답변서를 제출하지도 아니하고 구술심리에 참가하지도 아니한 경우, 그 평심청구는 취하된 것으로 보며, 상표평심위원회는 서면으로 청구인에게 통지하여야 한다. 피청구인이 답변서를 제출하지도 아니하고 구술심리에 참가하지도 아니한 경우, 상표평심위원회는 결석상태로 평심할 수 있다.

제61조 청구인이 상표평심위원회의 결정·재정 전에 서면으로 상표평심위원회에 청구의 취하를 요구하고 이유를 설명하며, 상표평심위원회가 취하할 수 있다고 인정하는 경우, 평심절차는 종료된다.

제62조 청구인이 상표평심청구를 취하한 경우, 동일한 사실 및 이유로 다시 평심청구를 할 수 없다. 상표평심위원회가 상표평심청구에 대해서 이미 재정 또는 결정한 경우, 누구도 동일한 사실 및 이유로 다시 평심청구를 할 수 없다. 그러나 부등록 복심절차를 거쳐 등록된 후에 상표평심위원회에 등록상표 무효선고를 청구하는 경우는 제외한다.

제7장 상표사용의 관리

제63조 ① 등록상표를 사용함에 있어서는 상품, 상품의 포장, 설명서 또는 기타 부착물에 "등록상표"임을 표시하거나 또는 등록표기를 할 수 있다.

② 등록표기는 ㊟1)와 ®을 포괄한다. 등록표기를 사용함에 있어서는 상표의 우측 위 모서리 또는 우측 아래 모서리에 표시하여야 한다.

---

1) 등록에 해당하는 중국어가 "注册"임에 따라 그 첫 글자를 딴 것이다.

제64조 ① 「상표등록증」이 유실 또는 파손된 경우, 상표국에 「상표등록증」 재발급신청서를 제출하여야 한다. 「상표등록증」이 유실된 경우, 「상표공고」에 유실되었음을 분명하게 밝혀야 한다. 파손된 「상표등록증」은 재발급신청을 할 때에 상표국에 반납하여야 한다.

② 상표등록인이 상표국의 상표변경·이전·갱신증명서 재발급, 상표등록증명서의 발급이 필요한 경우, 또는 상표출원인이 상표국의 우선권 증명서류 발급이 필요한 경우, 상표국에 상응하는 신청서를 제출하여야 한다. 요건에 부합하는 경우, 상표국은 상응하는 증명서를 발급한다. 요건에 부합하지 아니하는 경우, 상표국은 처리하지 아니하고, 신청인에게 통지하여 이유를 고지한다.

③ 「상표등록증」 또는 기타 상표증명서류를 위조 또는 변조한 경우, 형법의 국가기관 증명서류 위조·변조죄 또는 기타 죄에 관한 규정에 근거하여, 법에 따라 형사책임을 추궁한다.

제65조 상표법 제49조가 규정하는, 등록상표가 그 지정상품에 통용되는 보통명칭이 되는 상황이 발생한 경우, 단위 또는 개인은 누구든지 상표국에 그 상표등록의 취소를 청구할 수 있으며, 청구할 때에 증거자료를 첨부하여야 한다. 상표국은 수리 후에 상표등록인에게 통지하여 통지를 받은 날로부터 2개월 내에 답변서를 제출하도록 하여야 한다. 기간 내에 답변서를 제출하지 아니한 경우, 상표국의 결정에 영향이 없다.

제66조 ① 상표법 제49조가 규정하는, 등록상표가 정당한 이유 없이 연속해서 3년 동안 사용되지 아니한 상황이 발생한 경우, 단위 또는 개인은 누구든지 상표국에 그 상표등록의 취소를 청구할 수 있으며, 청구할 때에 관련 상황을 설명하여야 한다. 상표국은 수리 후에 상표등록인에게 통지하여 통지를 받은 날로부터 2개월 내에 그 상표가 취소청구 전에 사용되었다는 증거자료를 제출하거나 또는 불사용의 정당한 이유를 설명하도록 하여야 한다. 기간 내에 사용의 증거자료를 제출하지 아니하거나 또는 증거자료가 무효이고 정당한 이유도 없는 경우, 상표국은 그 상표등록을 취소한다.

② 전항의 사용의 증거자료는 상표등록인이 등록상표를 사용한 증거자료와 상표등록인이 타인이 등록상표를 사용하도록 허가한 증거자료를 포괄한다.

③ 정당한 이유 없이 연속 3년 동안 사용되지 아니하였음을 이유로 상표등록의 취소를 청구하는 경우, 그 등록상표의 등록공고일로부터 만 3년이 지난 후 청구하여야 한다.

제67조 다음 각 호의 경우가 상표법 제49조가 규정하는 정당한 이유에 해당한다.

1. 불가항력
2. 정부의 정책적 제한
3. 파산에 의한 청산
4. 상표등록인의 책임이 아닌 기타 정당한 사유

제68조 상표국·상표평심위원회가 상표등록을 취소하거나 또는 등록상표의 무효를 선고하고, 취소 또는 무효선고의 이유가 단지 일부 지정상품에만 미치는 경우, 그 일부 지정상품에 사용하는 상표등록에 대해서 취소 또는 무효선고를 한다.

제69조 타인에게 그 등록상표의 사용을 허가하는 경우, 허가자는 허가계약의 유효기간 내에 상표국에 등록하고 등록자료를 제출하여야 한다. 등록자료에는 등록상표 사용의 허가자·피허가자·허가기간, 사용허가의 상품 또는 서비스의 범위 등 사항이 설명되어야 한다.

제70조 등록상표권으로 질권을 설정하는 경우, 질권설정자와 질권자는 서면으로 질권계약을 체결하고, 공동으로 상표국에 질권등록신청을 하여야 하며, 상표국이 공고한다.

제71조 상표법 제43조 제2항 규정을 위반한 경우, 공상행정관리부문이 기간 내에 시정할 것을 명령한다. 기간 내에 시정하지 아니하는 경우, 판매중지를 명령하며, 거부하고 판매를 중지하지 아니하는 경우, 인민폐 10만원 이하의 과태료에 처한다.

제72조 상표보유자가 상표법 제13조 규정에 따라 유명상표로의 보호를 청구하는 경우, 공상행정관리부문에 청구할 수 있다. 상표국이 상표법 제14조 규정에 따라 유명상표로 인정한 경우, 공상행정관리부문은 상표법 제13조 규정을 위반하는 상표사용 행위의 중지를 명령하고, 위법하게 사용한 상표표지를 몰수·소각할 수 있다. 상표표지를 상품과 분리하기 어려운 경우, 함께 몰수·

소각한다.

제73조 ① 상표등록인이 그 등록상표의 말소를 신청하거나 또는 그 상표의 일부 지정상품의 등록말소를 신청하는 경우, 상표국에 상표등록말소신청서를 제출하여야 하며, 원래의 「상표등록증」은 반납하여야 한다.

② 상표등록인이 그 등록상표의 말소 또는 그 상표의 일부 지정상품 등록말소를 신청하고 상표국이 말소를 허가한 경우, 그 등록상표권 또는 그 등록상표권의 그 일부 지정상품에 대한 효력은 상표국이 그 등록말소신청을 받은 날로부터 종료된다.

제74조 상표등록이 취소되었거나 또는 이 조례 제73조 규정에 따라 말소된 경우, 원래의 「상표등록증」은 폐기되고, 공고한다. 그 상표의 일부 지정상품 등록이 취소된 경우, 또는 상표등록인이 그 상표의 일부 지정상품의 등록을 말소신청한 경우, 「상표등록증」을 다시 발급하고, 공고한다.

제8장 등록상표권의 보호

제75조 타인의 상표권 침해를 위하여 보관, 운송, 우편발송, 인쇄, 은닉, 경영장소, 인터넷 상품 교역 플랫폼 등을 제공하는 것은 상표법 제57조 제6호가 규정하는 편의 제공에 해당한다.

제76조 동일한 상품 또는 유사한 상품에 타인의 등록상표와 동일 또는 유사한 상표를 상품의 명칭 또는 상품의 장식으로 사용하여 공중을 오도하는 것은, 상표법 제57조 제2호가 규정하는 등록상표권 침해행위에 해당한다.

제77조 등록상표권 침해행위에 대해서는 누구든지 공상행정관리부문에 고발하거나 제보할 수 있다.

제78조 상표법 제60조가 규정하는 위법경영액을 계산함에는 다음 각 호의 요소를 고려할 수 있다.

1. 침해상품의 판매가격
2. 미판매 침해상품의 표시가격
3. 이미 조사된 침해상품의 실제 평균 판매가격

    4. 피침해상품의 시장에서의 중간가격

    5. 침해자가 침해로 얻은 영업수입

    6. 침해상품의 가치를 합리적으로 계산할 수 있는 기타 요소

제79조 상표법 제60조가 규정하는, 그 상품을 자신이 합법적으로 취득하였음을 증명할 수 있는 경우는 다음 각 호가 있다.

    1. 공급자가 합법적으로 서명날인한 공급명세서 및 대금영수증이 있고, 사실임이 조사로 증명되었거나 또는 공급자가 인정한 경우

    2. 공급 및 판매 쌍방이 서명한 구매계약서가 있고, 조사에 의해 진정으로 이미 이행되었음이 증명된 경우

    3. 합법적인 공급영수증이 있고, 영수증에 기재된 사항이 사건의 대상인 상품과 대응하는 경우

    4. 사건의 대상인 상품을 합법적으로 취득하였음을 증명할 수 있는 기타 경우

제80조 등록상표권을 침해하는 상품임을 알지 못하고 판매하였지만 그 상품을 자신이 합법적으로 취득하였음을 증명할 수 있고 제공자를 설명할 수 있는 경우, 공상행정관리부문이 판매의 중지를 명령하고, 사건의 상황을 침해상품 제공자 소재 지역의 공상행정관리부문에 통보한다.

제81조 사건의 대상인 등록상표권의 귀속이 상표국·상표평심위원회에서 심리 중이거나 또는 인민법원에서 소송 진행 중이어서, 사건의 결과가 사건의 성질에 영향을 줄 수 있는 경우가 상표법 제62조 제3항이 규정하는 상표권의 귀속에 대해서 분쟁이 있는 경우에 해당한다.

제82조 상표침해사건을 조사 및 처리하는 과정에서, 공상행정관리부문은 권리자에게 사건의 대상인 상품이 권리자가 생산하거나 또는 그 허가하여 생산한 제품인지 여부에 대해서 판별하도록 요구할 수 있다.

제9장 상표대리

제83조 상표법의 상표대리는 위임인의 위임을 받아, 위임인의 명의로 상표등록 출원·상표평심 또는 기타 상표사무를 처리하는 것을 가리킨다.

제84조 ① 상표법의 상표대리기구는 공상행정관리부문에 등록하고 상표대리업무에 종사하는 서비스기구와 상표대리업무에 종사하는 변호사사무소를 포괄한다.

② 상표대리기구가 상표국·상표평심위원회가 주관하는 상표사무의 대리업무에 종사하는 경우, 다음 각 호 규정에 따라 상표국에 등록하여야 한다.

1. 공상행정관리부문의 등록증명문서 또는 사법행정부문이 변호사사무소의 설립을 허가한 증명서류를 검증을 위해 제출하고, 사본을 보관한다.

2. 상표대리기구의 명칭·주소·책임자·연락처 등 기본적 정보를 제출한다.

3. 상표대리 종사자 명단 및 연락처를 제출한다.

③ 공상행정관리부문은 상표대리기구의 신용기록부를 작성하여야 한다. 상표대리기구가 상표법 또는 이 조례의 규정을 위반하는 경우, 상표국 또는 상표평심위원회가 공개적으로 통보하고 그 신용기록부에 기입한다.

제85조 ① 상표법의 상표대리 종사자는 상표대리기구에서 상표대리업무에 종사하는 직원을 가리킨다.

② 상표대리 종사자는 개인의 명의로 스스로 위임을 받을 수 없다.

제86조 상표대리기구가 상표국·상표평심위원회에 제출하는 관련 신청서류에는 그 대리기구의 인장을 날인하고 관련 상표대리 종사자가 서명하여야 한다.

제87조 상표대리기구가 그 대리하는 서비스 이외의 기타 상표를 등록출원 또는 이전받는 경우, 상표국은 수리하지 아니한다.

제88조 다음 각 호의 행위는 상표법 제68조 제1항 제2호가 규정하는 기타 부정당한 수단으로 상표대리 시장질서를 어지럽히는 행위에 해당한다.

1. 사기·허위선전·오인유도 또는 뇌물공여 등 방식으로 업무를 유치하는 행위

2. 사실을 은폐하고 허위증거를 제공하거나 또는 타인이 사실을 은폐하고 허위증거를 제출하도록 위협·유도하는 행위

3. 동일한 상표사건에서 이익이 충돌하는 쌍방당사자의 위임을 받는 행위

제89조 상표대리기구가 상표법 제68조가 규정하는 행위를 한 경우, 행위자 소재지 또는 위법행위 발생지의 현급(县級) 이상 공상행정관리부문이 조사 및 처리하며, 조사 및 처리 상황을 상표국에 통보한다.

제90조 ① 상표국·상표평심위원회가 상표법 제68조 규정에 따라 상표대리기구가 처리하는 상표대리업무의 수리를 중지하는 경우, 그 상표대리기구의 상표대리업무 수리를 6개월 이상에서 영구적으로 중지하는 결정을 할 수 있다. 상표대리업무의 수리 중지 기간이 만료되면, 상표국·상표평심위원회는 수리를 재개할 수 있다.

② 상표국·상표평심위원회의 상표대리 수리 중지 또는 수리 재개 결정은 그 웹사이트에 공고하여야 한다.

제91조 공상행정관리부문은 상표대리업계조직에 대한 감독과 지도를 강화하여야 한다.

제10장 부 칙

제92조 ① 1993년 7월 1일까지 연속해서 사용한 서비스상표가 타인이 동일 또는 유사한 서비스에 이미 등록한 서비스상표와 동일 또는 유사한 경우, 계속해서 사용할 수 있다. 그러나 1993년 7월 1일 후에 3년 이상 사용을 중단한 경우, 계속해서 사용할 수 없다.

② 상표국이 새로 개방한 상품 또는 서비스항목을 처음으로 수리한 날까지 이미 연속해서 사용한 상표가, 새로 개방된 상품 또는 서비스항목과 동일 또는 유사한 상품 또는 서비스에 이미 등록한 타인의 상표와 동일 또는 유사한 경우, 계속해서 사용할 수 있다. 그러나 최초로 수리한 날 이후에 3년 이상 사용을 중단한 경우, 계속해서 사용할 수 없다.

제93조 ① 상표등록용 상품 또는 서비스 분류표는 상표국이 제정하여 공포한다.

② 상표등록출원 또는 기타 상표사무의 문서 형식은, 상표국·상표평심위원회가 제정하여 공포한다.

③ 상표평심위원회의 평심규칙은 국무원 공상행정관리부문이 제정하여 공포한다.

제94조 상표국은 「상표등록부」를 설치하여, 등록상표 및 관련 등록사항을 기재한다.

제95조 「상표등록증」및 관련 증명서는 권리자가 등록상표권을 향유하는 증거 이다. 「상표등록증」에 기재되는 기재사항은 「상표등록부」와 일치하여야 한 다. 기재가 일치하지 아니하는 경우, 「상표등록부」에 확실히 착오가 있음을 증명하는 증거가 있는 경우를 제외하고, 「상표등록부」를 기준으로 한다.

제96조 ① 상표국은 「상표공고」를 간행하여, 상표등록 및 기타 관련 사항을 게 재한다.

② 「상표공고」는 종이 또는 전자 형식으로 발간한다.

③ 공고송달을 제외하고, 공고된 내용은 발간된 날로부터 사회공중이 이미 알 았거나 알 수 있었던 것으로 본다.

제97조 상표등록출원 또는 기타 상표사무를 처리함에는 비용을 납부하여야 한 다. 비용납부의 항목 및 기준은 국무원 재정부문, 국무원 가격주관부문이 각 각 제정한다.

제98조 이 조례는 2014년 5월 1일부터 시행한다.

허호신

서울대학교 지구환경시스템공학부(구 토목공학과) 졸업(공학사)
충남대학교 일반대학원 졸업(법학석사)
중국해양대학교 법정대학원 졸업(법학박사)

제35회 기술고등고시 합격(1999)
제46회 변리사시험 합격(2009)
건설교통부 국가지리정보팀, 수자원정책과 토목사무관
특허청 건설기술심사과, 출원서비스과 심사관
특허청 정보고객정책과 기술서기관
(현) 특허청 특허심판원 심판관

〈주요 저작〉
『한 · 중 전통지식보호제도 비교연구』, 책과 나무, 2015
『중국특허법 상세해설』, 세창출판사, 2017

중국 상표 심사 및 심리기준

초판 인쇄 2018년 4월 20일
초판 발행 2018년 4월 30일
–

옮긴이 허호신
–

펴낸이 이방원
펴낸곳 세창출판사
신고번호 제300-1990-63호
주소 03735 서울시 서대문구 경기대로 88 냉천빌딩 4층
전화 723-8660 팩스 720-4579
이메일 edit@sechangpub.co.kr 홈페이지 www.sechangpub.co.kr
–

값 25,000원

ISBN 978-89-8411-750-1 93360

중국 상표
심사 및 심리기준